사람을 얻는 지혜

사람을 얻는 지혜

발타자르 그라시안

임정재 옮김

타커스

차례

1장 - 고마운 사람보다 필요한 사람이 되어라

사람의 마음을 움직이기 위해 알아야 할 것들

2장 — 함부로 나서지 마라
좋은 평판을 유지하기 위해 알아야 할 것들

3장 - 헛된 공명심을 경계하라
적을 만들지 않기 위해 알아야 할 것들

4장 ─ 아첨은 배척하고 비난은 끌어안아라
실패 확률을 줄이기 위해 알아야 할 것들

5장 – 결점을 매력으로 승화시켜라
원하는 것을 얻기 위해 알아야 할 것들

사 람 의 마 음 을 움 직 이 기 위 해 알 아 야 할 것 들

1장

고마운 사람보다
필요한 사람이 되어라

고마운 사람보다
필요한 사람이 되어라

신을 신성한 존재로 만드는 사람은 신상을 장식하는 사람이 아니라, 신상을 숭배하는 사람이다. 지혜로운 사람은 고마운 존재가 되기보다 필요한 존재가 되고자 한다.

상대방이 당신에게 고마워하기보다 기대하고 의지하게 만들어라. 기대는 오랫동안 기억되지만 감사의 마음은 이내 사라지기 때문이다.

목마른 사람이 우물물로 목을 축이고 나면 자신의 갈 길을 가고, 아무리 맛있는 오렌지도 알맹이를 먹고 나면 껍질을 쓰레기통에 던져 버리듯, 의지하는 마음이 사라지고 나면 더 이상 예의도, 존경도 사라지게 된다. 🌿

매력은 가장 강력한
지배수단이다

매력은 사람의 마음을 끌어당기는 지혜로운 마술이다. 세상의 어떤 일도 사람의 마음을 사로잡지 않고 실력만으로 성공하기는 어렵다. 상대방의 호의를 이끌어내 당신을 칭찬하게 만드는 것이야말로 다른 사람을 지배하는 가장 강력한 수단이다.

타고난 매력을 갖고 있어서 쉽게 인기를 얻는다면 당신은 운이 매우 좋은 사람이다. 하지만 타고난 매력도 노력을 더할 때 빛을 발한다. 일시적인 인기가 아니라, 인간적인 호감과 존경을 얻고 사람들의 마음을 사로잡기 위해서는 내면의 매력을 찾아내 갈고닦을 줄 알아야 한다. ❧

잠재적인 적에게
호의를 베풀어라

지혜로운 사람은 상대방의 악의를 미리 알아차리고, 그것을 호의로 바꾼다. '눈에는 눈'이라는 식으로 상대방의 악의를 그대로 갚아주는 것은 누구나 할 수 있다. 하지만 잠재적인 적을 심복으로 만들거나, 자신의 평판을 해치는 사람을 자신을 옹호하는 사람으로 바꾸는 것은 상대를 꿰뚫어 보는 통찰력과 인내 없이는 불가능하다.

악의를 가진 사람에게 오히려 호의를 베풀어 감사의 마음을 갖게 하라. 이러한 기술이야말로 냉철한 이성과 침착함을 겸비한 사람만이 구사할 수 있는 교묘한 처세술이다. 이 방법을 이용하면 모든 일을 자신에게 유리한 방향으로 이끌어갈 수 있다. 🌿

진짜 어리석음과
가짜 어리석음

겉으로는 무지한 것처럼 보여도 실제로 매우 현명한 사람들이 있다.
이들은 어리석은 사람과 어울릴 때는 어리석은 척하고, 미친 사람과
어울릴 때는 미친 척한다. 이들은 상황에 따라 상대방이 알아듣는
언어로 말하는 기술을 알고 있다.

때에 따라서는 어리석은 척하는 사람이 어리석은 것이 아니라, 어리
석은 척하지 않는 사람이 어리석다. 다른 사람의 호감을 얻기 위해
서는 적절히 어리석은 척할 줄도 알아야 한다. 🌿

욕망은
약점과 같은 말이다

사람들은 누구나 자신이 좋아하고, 나아가 우상으로 떠받드는 것을 갖고 있다. 좋은 평판을 우상으로 삼는 사람이 있는가 하면 이익을 우상으로 삼는 사람이 있고, 대부분의 사람은 쾌락을 우상으로 삼는다. 중요한 것은 상대를 움직이게 만드는 우상을 알아내는 것이다.

상대를 움직이게 만드는 가장 중요한 동기인 욕망을 이용하라. 보통 이러한 동기는 잘 다듬어진 품성이 아니라 천박한 본성에서 비롯된다. 본성은 원래 제대로 통제되지 않기 때문이다. 그의 본성이 가장 욕망하는 것으로 유혹하라. 그러면 상대를 마음대로 움직일 수 있다. ✿

속마음을 쉽게
드러내지 마라

사람들은 상대가 겉으로 드러내는 감정을 통해 그의 생각을 유추한다. 따라서 속마음을 드러내지 않는 것처럼 실질적인 지혜는 없다. 자신의 패를 보여주고 카드게임을 하는 사람은 얼마 지나지 않아 가진 돈을 모두 잃게 된다.

말과 행동을 아껴서 사람들의 호기심을 물리쳐라. 사람들이 집요하게 당신의 생각을 알아보려고 할 때에는 먹물을 내뿜은 오징어처럼 당신의 생각을 감추어라. 당신이 어떤 성향을 가졌는지 다른 사람들이 알지 못하게 하고 예측하지 못하게 하라. 당신의 성향을 파악하면 사람들은 그것을 깔아뭉개거나 아첨하는 식으로 악용할 수 있기 때문이다. 🌿

불운을 함께할
사람을 곁에 두어라

어리석은 사람은 모든 책임을 혼자 떠맡아서 결국 모든 비난과 증오의 대상이 된다. 반면 지혜로운 사람은 자신을 변호해줄 사람, 어려움을 함께 나눌 수 있는 사람을 준비해둔다.

두 사람이 손을 잡으면 불운도, 천박한 군중도 감히 그들에게 대항하지 못한다.

지혜로운 의사는 치료 중에 환자가 사망할 때에 대비해, 자신을 거들어 시체를 운반해갈 사람을 미리 찾아둔다. 불운과 슬픔은 두 사람이 분담하면 반으로 줄어들지만, 홀로 당하면 두 배로 커진다. 🌿

양보는 뜻을 이루는
최고의 위장술이다

원하는 결과를 얻어내고 싶다면 일단 양보의 기술을 발휘하라. 원하는 것을 얻어내는 데 이보다 더 효과적인 방법은 없다. 심지어 성직자들도 이러한 방법을 사용하라고 권한다.

양보의 기술은 상대방의 의지를 마음대로 좌지우지할 수 있는 매우 효과적인 위장술이다. 이 기술을 발휘하면 겉으로는 상대방의 뜻대로 일이 진척되는 듯 보이지만 실제로는 자신이 원하는 방향으로 일을 진행시킬 수 있다. ✤

좋은 평판을 얻는
양보의 기술

지혜로운 사람은 자신의 주장이 옳더라도 일단 양보의 미덕을 발휘한다. 쉽게 결과가 드러날 일이라면 더욱 그러하다. 그러면 사람들은 그의 주장이 옳다는 사실을 알 뿐만 아니라 그의 배려심을 더 높이 평가한다. 🌿

취향을 모르면
상대를 기쁘게 만들 수 없다

상대의 성격이나 취향을 몰라서 상대를 기분 좋게 해주려다가 오히려 불쾌하게 만드는 사람이 있다. 어떤 사람에게는 칭송이 되는 행위가 다른 사람에게는 모욕이 될 수 있고, 어떤 사람에게는 유쾌하게 받아들여지는 행위가 다른 사람에게는 기분을 상하게 만드는 행위가 될 수 있다. 상대방의 취향을 모르면 애써 노력하고도 오히려 좋지 않은 결과만 얻는다. ❦

주위 사람들의
반응에 민감하라

바람의 방향을 알아보기 위해 풍선을 공중에 띄워보는 것처럼, 당신이 사람들에게 인정받고 있는지 의심스럽다면 사람들의 반응을 떠보라. 이로써 어떤 일의 성공 여부를 알 수 있고, 계속해서 밀고 나갈 것인지 혹은 완전히 손을 뗄 것인지를 결정할 수 있다.

지혜로운 사람은 주위 사람들의 의중을 알아봄으로써 현재 자신이 처한 상황이나 조건을 확인한다. 이러한 예측을 통해 어떤 것을 부탁하거나 요구할 때, 그리고 다른 사람들을 다스릴 때 중요한 결정을 손쉽게 내릴 수 있다. ✿

부탁할 때에는
타이밍이 관건이다

세상에는 부탁을 잘 들어주는 사람도 있고, 거절을 잘하는 사람도 있다. 부탁을 잘 들어주는 사람은 마치 자물쇠 없는 금고와 같아서, 이들에게서는 힘들이지 않고 원하는 것을 얻어낼 수 있다. 하지만 무조건 거절부터 하는 사람에게 부탁할 때에는 몇 가지 기술이 필요하다.

먼저, 그가 기분이 좋을 때, 식사를 마친 후에, 정신이 맑을 때 기습적으로 부탁하는 것이 좋다. 사람은 기분이 좋으면 호의를 베풀게 마련이다.

하지만 다른 사람이 거절당한 직후에 찾아가서 부탁하는 것은 거절을 예약한 것과 다름없다. 또한 그가 슬픈 일을 겪은 다음에도 부탁하지 않는 것이 좋다.

상대가 천박하거나 배은망덕한 사람이 아니라면, 그에게 미리 호의를 베푼 후에 부탁하면 승낙을 받기가 훨씬 쉽다. 🌿

먼저 베풀고
보상은 나중에 받아라

지혜로운 사람이 좋은 평판을 얻는 것은 대가 없이 먼저 베풀기 때문이다. 이러한 태도는 두 가지의 이점이 있다. 하나는 상대가 원할 때 즉시 베풀어줌으로써 당신이 무척 관대한 사람이라는 인상을 줄 수 있다는 것이다. 또 다른 하나는 나중에 베풀면 대가가 되지만 먼저 베풀면 호의가 된다는 것이다.

먼저 베푸는 것은 의무를 호의로 전환시키는 매우 섬세하고 교묘한 방법이다. 당신이 마땅히 상대의 요구를 들어주어야 하는 상황이라면, 그가 요구하기 전에 먼저 베풀어라. 그러면 상대는 당신에게 보답하겠다는 마음을 갖게 될 것이다.

그러나 이 기술은 은혜를 아는 사람에게만 사용해야 한다. 배은망덕한 사람은 호의를 받고도 보답할 생각은 하지 않고 오히려 자신도 그에 상응하는 것을 해줘야 한다며 귀찮아하기 때문이다. 🌿

지나친 호의는
오히려 짐이 된다

상대가 갚을 수 있는 만큼만 호의를 베풀고, 지나치게 많이 주지 마라. 지나치게 많이 베푸는 것은 주는 것이 아니라 파는 것이다. 상대에게 은혜를 갚으라고 채근하지도 마라. 도저히 은혜를 갚을 수 없다는 생각이 들면 상대는 자존심을 지키기 위해 당신과 아예 연락을 끊어버릴 수도 있기 때문이다.

반대로 상대와 관계를 끊고 싶다면, 지나친 호의를 베풀어서 그의 마음에 과도한 짐을 지워주어라. 그러면 대부분의 사람은 불평등한 관계가 계속되는 것을 견디지 못하고 당신을 피하게 될 것이다.

신은 자신의 조각상을 만든 조각가를 보고 싶어하지 않는다. 마찬가지로 은혜를 입은 사람은 은혜를 베푼 사람이 가까이 있는 것을 부담스러워한다. 따라서 한 번에 지나친 호의를 베푸는 것보다 조금씩, 그리고 자주 주는 것이 좋은 관계를 오래 유지하는 현명한 태도이다. 🌿

적당한 침묵으로
신비감을 유지하라

대부분의 사람은 자기가 이해하는 것은 대단하지 않다고 생각하고, 자기가 이해하지 못하는 것은 대단하다고 생각한다. 익숙한 것보다 이국적인 것이 더 비싸고, 잘 알지 못하는 것이 과대평가된다.

마찬가지로 사람들은 당신에 대해 신비감을 느낄 때 당신을 더 높이 평가한다. 따라서 좋은 평판을 얻으려면 자신에 대해 지나치게 자세히 설명하지 마라. 당신이 하는 말의 의미를 알아듣되, 당신을 비판할 기회를 주지 않을 정도가 적절하다.

대부분의 사람은 자신이 왜 칭찬하는지 이유도 모르면서 잘 알려지지 않은 것이나 신비로운 것을 숭배한다. 🌿

경솔하게 믿지 말고,
함부로 의심하지 마라

지혜로운 사람은 오랜 시간을 사귄 뒤에야 비로소 상대방을 믿는다. 세상에는 온갖 사기와 기만, 거짓말이 난무한다. 따라서 성급하고 경솔하게 다른 사람을 믿는 사람은 당황스러운 일을 겪게 되고, 배신감에 치를 떨게 된다.

하지만 다른 사람이 신뢰를 약속할 때 그의 진심을 섣불리 의심하지 마라. 그를 드러내놓고 거짓말쟁이로 대하거나, 거짓말하지 말라고 따지지 마라. 그러면 상대방은 모욕감을 느끼고 심한 상처를 받는다. 나아가 사람들은 상대를 믿지 못하는 당신 자신도 진실과 거리가 멀다고 생각할 것이다. 🌿

할 말과 안 할 말을
구분하라

우리는 어느 누구도 완전히 소유하지 못한다. 혈연이나 우정 같은 가장 친밀한 인간관계뿐만 아니라, 직업적으로나 사회적으로 상당한 의무를 떠안은 관계에서도 서로를 완전히 소유하거나 소유될 수는 없다. 완전한 신뢰와 완전한 소유는 다르기 때문이다.

아무리 친한 친구 사이에도 지켜야 할 것이 있고, 부모 자식 간에도 말하지 않아야 할 것이 있다. 어떤 사람에게는 털어놓고 다른 사람에게는 감춰야 할 것이 있고, 그 반대의 경우도 있다.

따라서 우리는 어떤 것을 털어놓고 어떤 것을 감출지, 그때그때 사람에 따라 구분할 줄 알아야 한다. 이러한 이치를 깨닫지 못하면 어떠한 인간관계도 깊은 신뢰로 이어질 수 없다. ❦

존경심은 자신이 베푼 것에 대한 보답이다

아랫사람은 윗사람이 자신에게 베푼 만큼 존경을 표한다. 높은 자리에 있는 사람이 다른 사람들보다 쉽게 존경을 얻는 이유는 베풀 수 있는 기회가 더 많기 때문이다. 아낌없이 베푸는 것이야말로 호의와 존경을 얻고 친구를 만드는 가장 쉬운 방법이다.

반면 세상에는 넘치게 갖고도 절대 베풀지 않는 사람도 있다. 이들은 베푸는 것이 귀찮고 힘들어서가 아니라, 근본적으로 이기적이기 때문이다. 이들은 모든 일에서 자비로움과는 정반대로 행동한다. 따라서 아무리 높은 자리에 올라도 결코 존경받지 못한다. ❧

공감의 영향력은
마법만큼 강력하다

다른 사람의 생각을 알아보고 동조하는 것, 즉 공감하는 것은 열린 마음을 가진 사람만이 할 수 있는 특별한 경험이다.

공감에는 마음과 마음을 일치시키는 신비한 힘이 깃들어 있다. 공감의 영향력은 이러한 경험을 하지 못한 무지한 사람들이 마법이라고 부를 만큼 강력하다. 그 결과 공감을 이끌어내는 사람은 말을 하지 않고도 상대방을 설득하고, 노력하지 않고도 원하는 것을 가지게 된다.

드러내놓고 표현하는 공감이 있는가 하면, 먼발치에서 마음으로 지지하는 공감이 있다. 지혜로운 사람은 이 둘을 적절히 이용해서 다른 사람들의 존경과 호의를 얻어낸다. ✤

상대에 따라
자유자재로 변신하라

사람의 마음을 얻고 싶다면 상황에 따라 자유자재로 변신하는 바다의 신 프로테우스가 되어라. 배운 사람을 대할 때는 배운 사람이 되고, 성자를 대할 때는 성자가 되어라.

상대의 말과 행동을 잘 받아넘기는 것보다 그의 호의를 얻어내는 데 더 좋은 방법은 없다. 상대의 기분을 잘 살피고, 상대에게 자신을 맞추어라. 상대가 진지하면 진지하게 유쾌하면 유쾌하게, 상대에 따라 예의를 갖춰 처신하라.

이는 특히 상대에게서 원하는 것을 얻어내야 할 때 반드시 필요한 기술이다. 이 기술은 상당한 능력이 있어야 사용할 수 있는데, 지식이 많고 다양한 취향을 가진 사람은 아무리 까다로운 상대라도 단숨에 그의 마음을 사로잡는 실력을 발휘하기도 한다. ❧

필요한 순간을 위해
평소에 호의를 베풀어두어라

우리가 지닌 장점이나 능력은 다른 사람들의 평가에 따라 대단한 것이 되기도 하고 보잘것없는 것이 되기도 한다. 자신만 만족하면 그만이라고 생각하는 사람도 있지만, 원하는 바를 이루기 위해서는 그것만으로는 충분하지 않다.

평소에 사람들에게 호의를 베풀어두면 좋은 평판을 얻음으로써 필요한 순간 자신의 공적을 돋보이게 할 수 있다. 세상이라는 집에는 일 년에 한 번도 쓰지 않는 가구는 없다. 평소에 정성 들여 닦아두면 반드시 요긴하게 쓰일 때가 오게 마련이다. 🌿

칭찬은 호의를 얻는
가장 손쉬운 방법이다

상대의 장점을 찾아서 칭찬하라. 그러면 상대는 당신이 뛰어난 안목을 가졌다고 주위 사람들에게 널리 알릴 것이다. 또한 그 이야기를 들은 다른 사람들도 당신이 자신들을 칭찬해주기를 은근히 기대할 것이다.

칭찬은 대화를 매끄럽게 만들고 상대방이 칭찬받을 만한 행동을 하도록 유도한다. 다른 사람들의 호의를 얻어내고자 할 때 칭찬은 가장 적은 비용으로 가장 큰 효과를 발휘하는 방법이다. ✤

상대를
과대평가하지 마라

상상력을 제대로 통제하지 못하면 지나친 속단에 빠져 대상을 과대평가하게 된다. 사람들은 사물을 있는 그대로가 아니라 자신이 원하는 대로 과장해서 본다. 하지만 경험이 많은 지혜로운 사람은 자신의 상상력을 통제함으로써 사물의 본질을 꿰뚫는다.

다른 사람을 지나치게 높게 평가해서 두려워하는 일이 없도록 하라. 지레 겁먹고 위축되지 마라.

많은 사람들이 겉으로는 대단해 보이지만, 실제로 만나 보면 그렇지 않은 경우가 많다. 그뿐만 아니라 함께 어울려 지내다 보면 존경하는 마음보다는 실망스러운 생각이 들기도 한다. 어느 누구도 인간이라는 좁은 한계를 벗어나지 못하고 인격이나 재능에 문제가 없는 사람은 없기 때문이다. ❧

상대의 욕망을
자극하라

원하는 것이 많은 사람일수록 손쉽게 움직일 수 있다.

영리한 사람은 자신의 목적을 달성하는 징검다리로 다른 사람의 욕구를 이용한다. 이들은 상대로 하여금 원하는 것을 얻기가 대단히 어렵다는 사실을 깨닫게 함으로써 그의 욕구를 한층 자극한다. 사람이란 이미 갖고 있는 것에 대해서는 매력을 못 느끼지만, 갖지 못한 것에 대해서는 욕망에 불타는 존재이기 때문이다.

채우기 어려우면 어려울수록 욕망은 더욱 커지는 법이다. 따라서 상대의 욕망을 끊임없이 자극하는 것만으로도 그를 완전히 통제할 수 있다.

상대를 움직이는 가장 교묘한 방법은 그가 자신의 욕망을 채우기 위해 당신에게 의존하도록 만드는 것이다. 🌿

상대의 장점을
이용하라

사람은 저마다 능력과 재주가 다르다. 모든 면에서 어떤 사람의 도움도 필요 없을 만큼 뛰어난 사람은 없다. 따라서 다른 사람이 지닌 장점을 적재적소에 이용할 줄 아는 것이 세상을 살아가는 지혜이다.

지혜로운 사람은 모든 사람을 존중하고 존경한다. 이들은 개개인이 지닌 장점을 알아볼 뿐만 아니라, 그러한 능력을 발휘하는 것이 상당히 어렵다는 사실을 잘 알기 때문이다. 반면 어리석은 사람은 다른 사람의 장점을 잘 알아채지 못하고 이용할 줄도 모른다. 한편으로는 무지해서, 다른 한편으로는 항상 다른 사람의 단점에만 관심을 기울이기 때문이다. ❦

호감을 얻는
말

화살은 육체를 찌르지만, 신랄한 말은 영혼을 찌른다.

달콤한 사탕을 먹으면 입에서 좋은 냄새가 나는 것처럼 부드러운 말 한마디로 냉랭한 분위기를 화기애애하게 만들 수 있고, 듣기 좋은 칭찬으로 상대방을 내 사람으로 만들 수도 있다. 반면 불쾌한 말 한마디로 사방에 적을 만들 수도 있다.

다른 사람의 호감을 얻고 싶다면, 항상 입에 사탕을 가득 물고 있는 것처럼 달콤한 말을 하라. ❧

반박의
기술

상대의 의견에 반박하는 것은 상대를 탐색하는 매우 효과적인 기술이다. 자신은 냉정을 유지한 채 상대를 자극함으로써 상대의 의지와 판단력을 시험할 수 있기 때문이다.

상대가 자신을 불신하는 태도를 보이면, 대부분의 사람들은 자기 마음속에 가지고 있는 생각을 털어놓고 만다. 바로 이것이 굳게 잠긴 상대의 마음의 문을 여는 열쇠이다.

지혜로운 사람은 이러한 교묘한 방법으로 자신의 속내를 드러내지 않으면서도 상대가 속마음을 털어놓게 만든다. 더 나아가 좀처럼 알 수 없는 상대의 감정이나 생각까지 알아낸다.

이러한 기술은 배우는 학생들에게도 유용하다. 교사는 학생이 자신의 의견에 반대하거나 다른 의견을 제시하면 더 자세히 설명함으로써 그가 진리에 한발 더 가까이 다가가도록 만든다. 🌿

호의를 얻으면
어떤 일도 쉽게 이룰 수 있다

가장 중요한 문제를 처리할 때는 심지어 신마저도 상대의 호의를 이용한다.

어리석은 사람은 자신의 실력을 지나치게 믿고 다른 사람들의 호의를 무시한다. 하지만 지혜로운 사람은 다른 사람의 호의를 얻을수록 그만큼 자신의 능력이 더 빛을 발한다는 사실을 잘 알고 있다.

호의를 얻으면 어떤 일도 쉽게 이룰 수 있다. 우리는 다른 사람의 호의에 힘입어 부족한 재능과 능력을 보충한다. 그들은 우리가 낙담할 때 격려해주고, 마음이 흔들릴 때 따뜻한 조언을 해주고, 어려운 난관에 부딪혔을 때 해결책을 제시해주고, 쉽게 판단하기 어려운 상황에 직면할 때 여러 가지 정보를 제공해준다. 이보다 더 중요한 것은, 호의를 가진 사람은 상대의 결점에 신경 쓰지 않고, 결점을 알아도 절대 비난하지 않는다는 것이다. 🌿

적을 만들지 말고
친구를 사귀어라

친구를 만들려면 자신이 먼저 친구가 되어야 한다. 어차피 세상은 친구들과 더불어 살거나 혹은 적들에 둘러싸여 살아야 한다. 그러니 적을 만들지 말고, 친구를 사귀어라.

친구는 냉철한 이성을 가진 사람보다는 당신에게 호감을 품은 사람일수록 좋다. 그중 몇 명은 평생 동안 당신과 가장 깊은 신뢰 관계를 맺게 될 것이다. ✿

기질을 알면
속셈을 간파할 수 있다

상대의 의도를 알기 위해서는 그 사람의 기질부터 파악해야 한다. 원인을 알면 결과는 자연스럽게 이해되고, 그 사람의 속셈까지도 간파하게 된다.

우울한 사람은 불운을, 모든 것을 곱지 않은 시선으로 보는 사람은 실패를 예견하게 마련이다. 이들은 항상 최악의 상황만을 생각하고 눈앞에 보이는 좋은 것은 전혀 생각하지 않기 때문에 실제로 나쁜 일을 초래한다. 또한 쉽게 격정에 휩쓸리는 사람은 사물을 있는 그대로 보지 못하고 잘못된 결정을 내린다. 격정이 이성의 눈을 가리기 때문이다.

사람들은 저마다 자기 느낌대로 또는 기분 내키는 대로 말하는데, 그것들은 하나같이 진실과는 거리가 멀다. 따라서 상대의 기질을 파악해 그의 말 속에 담긴 의도를 읽어내고 적절히 대처할 줄 알아야 한다. 🌿

우정이 들어올 문을
항상 열어두어라

아무리 고집불통이라고 해도 우정이 들어올 문은 반드시 열어두어라. 그러면 그 문을 통해 큰 도움을 받을 것이다. 우리 모두는 마음에서 우러난 비판과 조언을 해줄 친구가 필요하다. 그리고 우리가 친구를 신뢰하고, 그와의 우정을 높게 평가해야만 그런 값진 비판과 조언을 얻을 수 있다.

모든 사람을 좋아하거나 신뢰할 필요는 없다. 하지만 가장 내밀한 속마음을 털어놓을 수 있는, 우정이라는 거울은 반드시 갖고 있어야한다. 우리는 이러한 거울을 통해서 비로소 진실한 인간으로 살아갈 수 있다. ✤

악의를 품은 이의 말은
반대로 해석하라

악의를 품은 사람의 말은 반대로 해석해야 한다. 이들이 말하는 긍정은 부정을 의미하고, 부정은 긍정을 의미한다. 이들이 어떤 것을 강하게 비난하는 이유는 실제로 그것을 최고로 여기기 때문이다. 또한 이들은 나쁜 것을 칭찬함으로써 좋은 것을 깎아내리기도 한다. 어떤 사람이 무신경하게 "모두 괜찮아"라고 말하는 것은 실제로 어떤 것도 마음에 들지 않는다는 의미이다. 🌿

친구에 따라
나의 평판이 달라진다

친구를 신중하게 선택하라. 친구를 사귈 때는 먼저 상대방의 됨됨이가 훌륭한지, 의지가 강한지, 여러 가지 능력이 있는지 자세히 살펴야 한다.

많은 사람들이 친구를 사귀는 문제의 중요성을 잘 알지 못한다. 친구를 신중히 고르는 사람도 있지만, 대부분은 우연히 친구를 사귄다. 그런데 많은 경우 어떤 친구를 두었느냐에 따라 자신에 대한 평가가 달라진다. 따라서 지혜로운 사람은 절대로 어리석은 사람들과 사귀지 않는다. 어떤 사람과 어울리는 것이 즐겁더라도 그 즐거움이 강한 신뢰에서 비롯된 것이 아니라 단순한 쾌락이라면, 그와 우정을 나눈다고 말하지 않는다.

바람직한 우정이 있는가 하면, 바람직하지 않은 우정도 있다. 친구의 진실한 조언 한마디는 여러 사람들의 호의보다 몇 배나 더 값지다. 하지만 서로 어울려 다니며 쾌락만 좇는 친구는 결코 오래가지 못한다. 지혜로운 친구는 근심 걱정을 없애주지만, 어리석은 친구는 오히려 근심 걱정을 몰고 온다. 🌿

외모로
판단하지 마라

사람을 외모로 판단하지 마라. 이보다 어리석은 것은 없다.

사람을 파악할 때에는 과도할 정도의 세심함이 필요하다. 겉으로 드러나는 모습만으로 사람의 기질이나 성격을 완전히 알기는 어렵다. 인간의 천성을 파악하기 위해서는 책의 내용을 다룰 때와 마찬가지로 심도 있는 연구가 필요하다. ✿

우정을 지키는 지혜

가까이 있어야 좋은 친구가 있는가 하면 멀리 떨어져 있어야 좋은 친구도 있다. 대화 상대로는 꺼려지지만 편지로 우정을 나누기에 좋은 친구도 있다. 가까이 있을 때 참기 어려운 결점을 먼 거리가 덮어 주기 때문이다.

인생 전체에서 진실한 우정을 나눌 수 있는 상대는 극히 드물고, 그마저도 시간이 갈수록 줄어든다. 따라서 새로운 친구를 사귀는 것보다는 기존의 우정을 유지하는 지혜를 발휘해야 한다. ❧

후원자의 호의를
사소한 일에 낭비하지 마라

높은 자리에 있는 사람은 중대한 일에만 동원하라. 정말 엄청난 곤경에 처할 때까지는 그들에게 도움을 요청하지 마라. 사소한 일에 높은 자리에 있는 사람을 모두 동원하면 그다음에 어떤 사람을 동원할 수 있겠는가?

신뢰를 유지하는 것보다 중요한 것은 없고, 당신을 보호해줄 사람보다 소중한 사람은 없다. 높은 자리에 있는 후원자는 당신을 일으켜 세우기도 하고 주저앉게도 한다. 그의 호의를 사소한 일에 낭비하지 마라. 재산을 얻는 것보다 사람을 잃지 않는 것이 더 중요하다. ✤

자신의 한계를
보여주지 마라

지혜로운 사람은 자신의 지식과 용기를 절대 전부 드러내지 않는다. 그는 사람들에게 자신의 능력을 알리기는 하지만 사람들이 자기를 속속들이 알게 만들지는 않는다.

따라서 어느 누구도 그의 능력이 어느 정도인지 알지 못하고, 그러한 이유로 아무도 그에 대해서 실망하지 않는다. 사람들은 상대의 한계를 정확하게 알 때보다는 그의 능력이 어느 정도인지 추측하고, 정말 능력이 있는지 궁금해할 때 그를 더욱 존경하기 때문이다. 🌿

거절에 시간이
필요한 이유

다른 사람의 부탁을 받았을 때 즉시 승낙하지 말고 신중히 생각한 뒤 승낙하라. 오래 기다린 뒤에 얻은 것이 더욱 값진 법이다.

마찬가지로 요구를 거절할 때에도, 상대가 거절의 말에 상처 입지 않도록 적당한 시간이 지난 후에 정중하게 거절하라. 대부분의 사람은 어느 정도 시간이 흐른 후에 거절하는 것은 손쉽게 받아들인다. 그동안 처음에 가졌던 기대감이 상당 부분 사그라지기 때문이다.

어쩔 수 없이 거절해야 하는 상황이라면, 상대방이 급하게 재촉하더라도 가능하면 답변을 미루어라. 상대방이 그 문제에 매달리지 않고, 다른 데로 관심을 돌릴 시간을 주어라. 🌿

호감을 얻는
거절의 기술

어떤 사람의 거절은 다른 사람의 수락보다 더 큰 호감을 준다. 진심이 담겨 있고 깍듯이 예의를 갖춘 거절은 성의 없고 무뚝뚝한 수락보다 훨씬 듣기 좋기 때문이다.

입만 열면 "아니오"라고 해서 모든 일을 망치는 사람들이 있다. 이들은 무턱대고 거절부터 하기 때문에 나중에 결국 수락하더라도 좋지 않은 인상만 주게 된다. 따라서 어떠한 경우든 한마디로 딱 잘라 거절해서는 안 된다. 마지막까지 예의를 갖춰 상대방이 당신에게 호의를 잃지 않게 하고, 수락하지 못하는 대신에 친절한 말과 태도로 그 빈자리를 메워라. 오랫동안 생각하고, 거절이나 수락의 말은 가능한 한 짧게 하라. 🌿

지나친 예의는
일종의 속임수이다

우리 주위에는 마법의 물약을 쓰지 않고도 마법을 부리는 사람들이 있다. 이들은 정중한 인사만으로도 사람들의 환심을 살 수 있다는 것을 알고 예의 바르고 친절한 태도로 상대방의 호의를 얻는다.

하지만 모든 것을 약속하는 사람은 실제로 아무것도 약속하지 않는 것과 같다. 이런 약속은 어리석은 사람들을 유인하는 함정이다.

참된 예의는 마땅히 해야 할 의무이지만, 짐짓 꾸민 예의는 속임수이고, 지나친 예의는 상대방에게 의존하겠다는 의미이다. 이들은 상대방의 인간됨이 아니라 권력이나 재산 앞에 고개를 숙이고, 상대방의 인격이 아니라 호의를 얻기 위해 아첨을 떤다. 이들에게 이용당하지 않으려면 참된 예의와 지나친 예의를 잘 구분할 줄 알아야 한다. 🌿

기다림을 통해
갈망을 자극하라

상대가 갈증을 느끼도록 만들어라. 상대의 입술에 감미로운 뒷맛을 남겨놓아라. 목마른 자는 샘을 찾고, 기다림은 욕망을 더 자극한다. 목마른 사람에게 물을 주되 갈증을 완전히 해소시키지는 마라. 좋은 것은 적을수록 더 효과적이다.

지혜로운 사람은 상대의 욕망을 자극하되 원하는 것을 모두 주지 않음으로써 부족한 것을 갈망하는 상태로 남겨둔다. 기다리게 함으로써 그것을 얻었을 때 두 배의 즐거움을 느끼도록 하는 것이다. ☙

상황에 따라
대화 태도를 바꾸어라

대화에 능숙한 사람은 몇 마디 말만 나누어보고도 상대방의 사람됨을 알아챈다. 지혜로운 사람은 상대가 하는 말을 통해 그에 대해 완전히 파악한다.

친구와 대화할 때에는 수수하게 차려입은 옷차림처럼, 기교를 부리지 않고 자연스러운 것이 좋다. 하지만 격식이 요구되는 자리에서는 상대방의 위신에 맞게 예의 바르고 정중하게 대화를 나누어야 한다. 대화의 기본은 상대방의 기분과 주장, 주위 상황에 적절히 맞출 줄 아는 것이다. ❧

말솜씨보다
배려가 우선이다

대화할 때 단어 하나하나를 문제 삼지 마라. 당신은 국어 선생님이
아니다. 나아가 문장 하나하나를 꼬투리 잡지도 마라. 그렇게 하면
사람들은 당신을 불편한 사람으로 생각하고 피하거나 당신과 대화
하기를 꺼릴 것이다. 대화를 나눌 때는 능숙한 말솜씨보다 상대를
배려하는 태도가 더 중요하다. ❧

예의의
값

어떤 일을 하든 당신이 예의를 갖춰 대하면 상대는 감사의 마음을 갖게 되고, 그것에 대해 보답하고자 한다. 심성이 선하고 관대한 사람은 항상 속 좁은 사람들이 원하는 것 이상을 돌려준다.

예의는 상대에게 감사의 의무를 지우는 행위이다. 따라서 당신이 상대에게 예의를 갖춰 행동하면 그에 상응하는 대가를 받게 될 것이다.

그러나 천박한 사람들에게는 어떠한 세련된 예의도 의미가 없다. 그들은 호의와 애정을 아무리 많이 받아도 돌려주기는커녕 이해하지도 못한다. ✤

쉽게
반박하지 마라

당신의 의견이나 생각에 반대하는 사람들에게 쉽게 반박하지 마라. 그가 반대하는 이유가 교활함 때문인지 혹은 어리석음 때문인지를 먼저 간파하라. 상대가 다른 사람의 말을 듣지 않는 고집불통일 수도 있지만, 당신의 의중을 떠보기 위해서 일부러 반대 의견을 내놓는 것일 수도 있다. 전자의 경우에는 웃어버리면 그만이지만 후자의 경우에는 숨은 위험에 대비해야 한다.

건전한 논쟁이 목적이 아니라 당신의 속마음을 알아내려는 속셈을 가진 사람을 대할 때에는 경계심이라는 마음의 빗장을 단단히 꽂아두는 것이 지혜롭다. 🌿

농담은
적당히 하라

농담을 할 때는 상황을 잘 파악해서 기술적으로 해야 한다. 심기가 불편하거나 언짢은 일이 있는 사람에게 쓸데없이 농담을 던지는 것은 어리석은 행동이다. 상대는 가벼운 농담이라도 악의로 받아들일 수 있기 때문이다. 때에 따라서는 조롱을 참는 것도 일종의 예의이다. 하지만 모든 사람에게 똑같은 예의를 요구할 수는 없다.

반면 파티에서 장난기 섞인 농담에 벌컥 화를 내는 것은 유치한 행동이다. 사적인 모임이나 격식 없이 어울리는 자리에서 농담을 유쾌하게 받아넘기면 대범한 사람이라는 인정을 받지만, 불쾌한 기분을 드러내면 옹졸한 사람이라는 평판을 얻게 된다. 🌿

좋은 말은
빨리 끝낸 말이다

사람들을 지루하게 만들지 마라. 한 가지 화제에만 매달리거나 한 가지 일에만 매달리지 마라. 어떤 말이든 짧게 끝내면 듣기에도 좋고 효과도 좋다.

짧고 명쾌한 대화로 지루한 분위기를 유쾌하게 만드는 것은 매우 지혜로운 태도이다. 그것은 예의를 갖춰 말함으로써 무례한 행동으로 잃어버린 호의를 회복하는 것만큼 효과적이다.

짧은 말 속에 좋은 메시지가 들어 있으면 금상첨화이다. 설령 내용이 좋지 않다 하더라도 짧게 말하면 큰 문제는 생기지 않는다. ✤

발을 뺄 적절한
타이밍을 포착하라

지혜로운 사람은 적절한 타이밍에 적절한 행동을 함으로써 난처한 상황을 쉽게 모면한다. 이들은 재치 있는 농담을 던지거나 빙그레 웃는 것만으로도 난처한 상황에서 슬쩍 발을 뺀다. 역사상의 위대한 인물들은 하나같이 이렇게 사소한 행동 하나로 어려운 상황을 모면했다.

슬그머니 화제를 돌리는 것만큼 상대방의 요구를 점잖게 거절하는 방법은 없다. 상대방이 어떤 것을 요구할 때 잔꾀를 부려 변명을 늘어놓기보다는 그 요구를 전혀 이해하지 못하는 척하는 것이 더 효과적일 수도 있다. ✿

좋은 평판을 유지하기 위해 알아야 할 것들

2장

함부로
나서지 마라

.
.

혼자 있을 때에도
몸가짐을 조심하라

항상 다른 사람들이 자신을 지켜보고 있는 것처럼 행동하라. 사람들이 자신을 보고 있다고 생각하면 모든 일을 신중하게 처리하게 된다. 지혜로운 사람은 벽에도 귀가 있고, 잘못된 처신은 즉시 사람들에게 알려진다는 사실을 알고 있다. 이들은 혼자 있을 때에도 온 세상 사람들이 자신을 지켜보고 있는 듯이 몸가짐을 조심하고, 언제나 자신을 주시하는 미래의 증인을 의식하며 행동한다.

자족하는
삶

지혜로운 사람은 스스로 행복하고 만족스럽게 살아간다. 이들은 자신에게 필요한 모든 것을 가지고 있고, 더 많은 것을 바라지 않는다. 이들에게는 자신보다 지식이 뛰어나고 취향이 고상한 사람이 없는데, 누구를 부러워하고 무엇을 아쉬워하겠는가?

우리는 오직 자기 자신에게만 의존해야 한다. 최고의 행복은 스스로 신(神)처럼 자족하며 살아갈 때 얻을 수 있다. 🪶

칭찬을
구걸하지 마라

자신이 하지 않은 일을 마치 자신이 한 것처럼 떠벌리고 다니는 사람들이 있다. 이들은 부끄러움 없이 사람들을 속이려고 하지만, 오히려 비웃음거리가 될 뿐이다. 이러한 허풍선이들은 카멜레온처럼 수시로 자신의 모습을 바꾸면서 사람들을 기만한다.

한편, 음식 부스러기를 찾아다니는 개미처럼 다른 사람이 이룬 성과의 부스러기를 주우러 다니는 사람들도 있다. 이들 역시 다른 사람의 명예를 가로채려고 하다가 오히려 조롱의 대상이 될 뿐이다.

큰 성과를 이루었다면 굳이 그것을 뽐내지도 말고, 허풍을 떨지도 마라. 성과를 얻었다는 사실에만 만족하고 공적에 대한 칭찬은 다른 사람들에게 맡겨라. 사람들이 영원히 자신을 칭찬하게 만들려고 자신에 대해 찬양의 글을 쓰게 하지 마라.

영웅처럼 보이기보다 영웅이 되기 위해 노력하라.

사랑과 존경은
동시에 얻을 수 없다

존경받으려면 사랑까지 기대해서는 안 된다. 사랑과 존경은 물과 기름과 같다. 따라서 존경받기 위해서는 사람들이 당신을 지나치게 두려워해서도 안 되지만, 지나치게 사랑해서도 안 된다. 사랑하면 할수록 친숙해지고, 따라서 그만큼 존경과는 멀어진다. 존경받고 싶다면 정열적인 사랑보다는 경외심과 찬사를 얻기 위해 노력하라. 🖋

자기 자신에게
의지하라

곤경에 처했을 때 자신의 담대한 마음보다 더 든든한 협력자는 없다. 마음이 약해지면, 다른 능력을 이용해서라도 약해지는 마음을 강하게 다잡아야 한다.

운명에 굴복하지 마라. 우리가 포기하면 운명은 우리를 더 가혹하게 몰아붙인다. 자신을 믿지 않아서 스스로 어려움을 극복하는 방법을 모른 채 아무런 노력도 하지 않는 사람들이 있다. 이들은 결국 몇 배 더 힘든 상황을 겪게 된다.

반면 스스로를 믿는 사람은 자신의 약점을 극복할 줄 안다. 나아가 주위의 모든 것을, 심지어 운명의 별자리까지도 자신에게 유리한 쪽으로 움직인다.

함부로
나서지 마라

다른 사람들에게 존경받고 싶다면, 먼저 자신부터 존중할 줄 알아야 한다. 자신의 재능을 아끼고 잘 관리하라. 아무 데서나 나서지 말고, 사람들이 간청하는 일만 하라.

상대방이 요청하지도 않은 일을 했다가 실패하면 모든 비난을 스스로 감수해야 한다. 운이 좋아 일이 성공하더라도 요청한 사람이 없으니 아무도 고마움을 표시하지 않는다.

꼭 필요한 자리에서 자신의 능력을 발휘하기 위해서는 함부로 나서지 말고, 재능을 아껴두어야 한다.

수많은 것 중에
최선의 것을 취하라

수많은 것 중에서 즉시 최선의 것을 취할 줄 알아야 한다. 이는 훌륭한 취향을 가진 사람들이 가진 공통적인 재능이다.

꿀벌은 단것을 향해 곧바로 날아가고, 뱀은 독을 만들기 위해 쓴 것을 찾아간다. 취향도 이와 다르지 않다. 좋은 것을 좇는 취향을 가진 사람이 있는가 하면 나쁜 것을 좇는 취향을 가진 사람도 있다.

어떤 것이든 한두 가지 장점은 가지고 있다. 그런데 어떤 사람은 수천 가지 장점 가운데서 굳이 한 가지의 단점만을 찾아내서 비난한다. 이런 사람은 다른 사람의 마음과 정신에 깃들어 있는 결점을 긁어모으는 넝마주이와 같다. 이들은 좋지 않은 것만 받아들이는 까닭에 평생 불행과 함께 살아간다.

명예로운 사람은
자신의 잘못을 더 경계한다

더 이상 타인을 신뢰할 수 없는 세상이 되었다. 명예로운 행동은 사라지고, 신뢰는 배신당하고, 은혜는 쉽게 잊혀진다. 더 많이 배려하고 베푸는 사람일수록 더 적게 얻는 것이 당연시된다.

어떤 사람에게는 배신을, 어떤 사람에는 변덕스러운 행위를, 또 다른 사람에게는 속임수를 경계해야 한다. 이제 우리는 누군가를 본받기 위해서가 아니라 스스로를 지키기 위해서 다른 사람들의 행동에 주목한다. 오랫동안 쌓아온 내 명성이 누군가의 파괴적인 행동 때문에 단번에 무너질 수도 있기 때문이다.

그럼에도 불구하고 진정으로 명예로운 사람은 다른 사람들의 행동이 아니라 자신의 행동을 항상 더 경계한다. 🍃

분위기에 어울리되
품위를 지켜라

항상 엄숙한 표정이나 화난 표정만 짓는 따분한 사람이 되지 마라.
표정 관리는 상대방에 대한 예의이다.

때로는 분위기에 맞춰 편하게 어울리고 스스로를 낮출 줄도 알아야
한다. 하지만 지나치게 가벼운 언행으로 품위를 잃어버리는 것은 경
계해야 한다. 사람들은 공개 석상에서 분별없이 행동하는 사람이 사
생활에서 올바르게 행동할 것이라고 생각하지 않는다. 사소한 실수
하나가 오랫동안 쌓아온 명성을 하루아침에 무너뜨릴 수도 있다.

미움의 감정을
다스려라

우리는 종종 상대방의 성품을 알기도 전에 본능적으로 상대방을 미워한다. 그리고 가끔은 이러한 천박한 미움의 감정으로 인해 훌륭한 인품과 뛰어난 재능을 가진 사람에게 화살을 겨누기도 한다.

자신에게 유리한 상황을 만들려면 미움의 감정을 다스릴 줄 알아야 한다. 자신보다 더 나은 사람을 미워하는 것보다 자신에게 손해인 것은 없기 때문이다. 훌륭하고 뛰어난 사람과 친하게 지낼수록 그만큼 자신이 더 돋보이고, 그들을 미워할수록 자신은 더 보잘것없어진다.

정의롭고 진실하게
행동하라

많은 사람이 정의를 칭송한다. 하지만 정의에 헌신하는 사람은 소수에 불과하다. 위험이 닥치면 겉으로만 정의를 외치던 사람들은 재빨리 정의를 저버리고, 출세 지향적인 사람들은 교묘하게 세상을 속인다.

하지만 진실로 정의로운 사람은 정의를 위해서라면 친구와의 절연도, 권력을 잃는 것도 두려워하지 않는다. 나아가 자신의 이익도 선뜻 내놓는다.

약삭빠른 사람들은 '대의'나 '일신상의 이유'라는 그럴듯한 구실로 정의를 저버린다. 하지만 진정으로 충실한 사람은 그러한 기만을 일종의 배신으로 생각하고 순간적인 이익보다는 깊은 신뢰를 더욱 자랑스럽게 여긴다. 🖋

망각이라는
약

잊어야 할 것을 잊을 줄 아는 것. 이것은 단순한 처세술이 아니라 인생의 행복과 관련된 중요한 지침이다.

우리는 가장 빨리 잊어버려야 할 일을 가장 오래 기억한다. 기억은 언제나 우리의 뜻을 배신해서, 정작 기억하고 싶은 것은 기억나지 않지만 정말 기억하고 싶지 않은 것들은 뇌리에서 결코 사라지지 않는다. 고통스러운 과거는 또렷하게 기억나는데 즐거웠던 과거는 좀처럼 떠오르지 않는다.

골치 아픈 기억을 치유하는 최고의 약은 망각이다. 하지만 아이러니하게도 우리는 망각이라는 뛰어난 약을 망각한 채 살아간다.

쓸데없는 일을
떠맡지 마라

우리가 가진 것 중에서 가장 소중한 것은 시간이다. 시간이 없으면 부(富)도, 건강도, 사랑도, 심지어 삶도 존재할 수 없다. 그런데 대부분의 사람들은 기계적인 일이나 중요하지도 않은 일에 소중한 시간을 낭비한다. 특히 쓸데없는 일을 떠맡는 것만큼 어리석은 행동은 없다. 헛된 공명심 때문에 혹은 단순히 거절하지 못해서 여러 가지 일을 떠맡는 사람은 결국 다른 사람들의 시기를 받고, 삶을 황폐하게 만들고, 자신의 영혼을 질식시킨다.

불필요한 해명을
하지 마라

사람들이 물어보지 않는 한 절대로 자진해서 해명하지 마라. 사람들이 물어볼 때에도 필요 이상으로 자세히 해명하지 마라. 그것은 하지도 않은 잘못을 자백하는 것과 다름없다.

건강한 사람이 입원하면 사람들은 그 사람에게 말 못 할 병이 있을 것이라고 의심한다. 그리고 그가 자신이 의심받는다는 사실을 아는 척하면, 전혀 의심하지 않았던 사람들마저 의심의 눈초리를 보낸다. 지혜로운 사람은 이러한 이치를 알기 때문에 다른 사람들이 자신을 의심한다는 사실을 모르는 척한다. 단지 자신의 행위가 정직하다는 것을 직접 보여줌으로써 그런 의심을 물리친다. 🖋

내면의 깊이를 길러라

자금이 모자라 외부만 화려하게 꾸며놓고 내부를 완성하지 못한 건물처럼, 내실 없이 외모에만 치중하는 사람들이 있다. 이들의 겉모습은 궁전처럼 화려하지만 내면은 오막살이처럼 초라할 뿐이다.

이들은 지혜로운 사람들과 깊이 있는 교류를 할 수 없다. 이들은 첫인사를 나누는 자리에서는 시원시원하게 말하지만 곧바로 수도승처럼 침묵을 지킨다. 계속해서 대화를 이끌어갈 수 있는 화제가 없기 때문이다. 어떤 주제에 대해 이야기를 나누더라도 조금만 시간이 지나면 이들과의 대화는 공허해진다.

이들은 피상적인 것들만 보는 어리석은 사람들과는 잘 어울리지만, 자신의 내면 세계가 빈껍데기라는 사실을 알아차리는 지성이 날카로운 사람과는 가까이 지내지 못한다.

자신을 안다는 것의
의미

세상의 기준이나 상식을 맹목적으로 따르지 마라. 명예로운 사람은 다른 사람들의 피상적인 생각에 자신을 맞추지 않고 어떤 일이든 신중하게 처리한다.

신중한 자세란 자기 자신에 대해 곰곰이 생각하는 것을 말한다. 즉, 자신의 기질을 정확히 파악하고 예견하는 것을 말한다. 더 나아가 자신의 천성적인 능력과 후천적인 노력의 균형을 맞추기 위해서 겉으로 드러난 기질과 전혀 다른 숨어 있는 극단의 기질까지도 살펴보는 것을 말한다.

자신을 아는 것에서 자신을 개선하는 것이 시작된다.

한결같은 명성을
유지하는 방법

신중한 사람은 좀처럼 평정심을 잃지 않고, 도량이 넓고 관대한 사람은 쉽게 격정에 휘둘리지 않는다. 이러한 태도는 성실하고 고결한 사람들의 특징이다.

격정은 마음의 상태이기 때문에 격정에 휩쓸리면 이성과 판단력이 흐려진다. 격정에 휩쓸린 말이 입에서 입으로 전해지면 명성이 위태로워진다. 따라서 지혜로운 사람은 언제나 자기 자신을 철저하게 다스린다. 그렇게 함으로써 상황이 좋을 때와 좋지 않을 때 사람이 달라진다는 말을 듣지 않게 된다. 🖋

위험한 일을
자청하지 마라

신중하고 현명한 사람은 양극단에 빠지지 않는다. 모든 일에서 적절하게 균형을 잡고 중도를 지킨다. 이들은 장시간에 걸쳐 신중하게 생각한 다음에 행동에 옮긴다. 어떤 일에 의무를 진 다음에 그 의무를 떨쳐내기보다 처음부터 의무를 지지 않는 것이 훨씬 쉽기 때문이다.

누구나 위험한 상황에 처하면 판단력이 무뎌진다. 따라서 미리 위험한 상황을 만들지 않는 것이 안전하다. 한번 위험한 일에 뛰어들면, 이어서 다른 위험한 일을 맡게 되고, 결국 자신도 모르는 사이에 파국에 이르게 된다.

지혜로운 사람은 위험한 일을 극복하기보다는 위험한 일을 피하는데 더 많은 용기가 필요하다는 사실을 알고 있다.

지나친 행복은
불행으로 이어진다

원하는 것을 모두 소유하지 말고, 어느 정도 남겨두어라. 우리의 육체는 휴식이 필요하고, 정신은 열망하는 대상이 있어야 한다.

모든 것을 소유하면 쉽게 권태와 불만에 빠지게 된다. 호기심을 일으키고 정신을 자극하기 위해서는 미지의 세계가 필요하다.

우리는 더 이상 갖고 싶은 것이 없으면, 가진 것을 잃어버릴까 봐 두려워하게 된다. 행복이 다시 불행으로 바뀌는 것이다. 얻고자 하는 욕구가 사라지는 순간 상실의 두려움이 생겨난다.

상황을 판단해줄
제3자를 찾아라

자기 자신을 다스리고 격정을 잠재우는 것처럼 위대한 승리는 없다.
이것이야말로 의지의 승리이다.

한순간의 격정으로 마음이 흔들리는 일이 있더라도 무모한 행동을
함으로써 자신의 지위가 타격을 받는 일은 없도록 하라. 이런 신중
한 태도야말로 큰 실패 없이 마지막까지 명예를 지키는 길이다.

일시적인 기분에 흔들리는 상황에서 섣불리 행동하면 모든 일을 그
르치게 된다. 격정에 휩싸이면 이성이 마비되기 때문에 지혜롭게 행
동할 수 없다. 이럴 때는 상황을 냉정하게 판단할 수 있는 제3자를
찾아라. 경기장에서 직접 뛰는 선수보다 관람객이 경기를 더 잘 보는
법이다. 감정이 격해지고 있다는 사실을 깨달으면 재빨리 뒤로 물러
서라. 🖋

말은 훌륭하게,
행동은 명예롭게

우리는 훌륭한 말과 명예로운 행동에 의해 좀더 완전한 사람이 된다. 훌륭한 말은 지성이 뛰어나다는 사실을, 명예로운 행동은 마음이 선하다는 사실을 보여준다. 이 둘은 모두 고결한 정신에서 비롯된다. 말은 행동의 그림자이다.

남을 칭찬하는 것보다는 칭찬의 대상이 되는 것이 좋다. 말하기는 쉽지만 행동하기는 어렵다. 명예로운 행동은 삶의 정수이고, 현명한 말은 행동을 꾸며주는 장식품이다. 뛰어난 행동은 오랫동안 기억되지만, 그럴듯한 말은 쉽게 잊혀진다. 🖋

무관심의
지혜

때로는 무관심한 척함으로써 원하는 것을 가질 수 있다.

당장 원하는 것이 손에 들어오지 않는다고 해서 속을 끓일 필요가 없다. 진심으로 원하는 것은 신기하게도 태연하게 기다리면 저절로 우리에게 다가오기 때문이다.

세상의 모든 일은 잡으려고 다가가면 그만큼 멀어지고, 멀어지면 그만큼 다가오는 그림자와 같다. 이러한 이치는 인간관계에도 동일하게 적용된다. 🖋

마음의 평화를
유지하는 방법

천상에서는 모든 것이 행복이고, 지옥에서는 모든 것이 슬픔이다. 천상과 지옥이라는 양극단 사이에서 우리는 행복과 슬픔 두 가지를 모두 맛본다.

우리의 삶은 무(無)이다. 그 자체로는 가치가 없고, 천상과 함께 생각할 때에만 소중하다. 따라서 세상의 변화에 무심한 자세를 가지는 것이야말로 마음의 평화를 유지하는 가장 지혜로운 태도이다.

지혜로운 사람은 새로운 것에 관심을 갖지 않는다. 운명은 변하게 마련이고, 늘 행복한 것도 늘 불행한 것도 없다는 것을 알기 때문이다. 우리의 삶은 한 편의 드라마처럼 변화무쌍하다. 따라서 그 과정에 지나치게 신경 쓰기보다 좋은 결과에만 마음을 두는 것이 현명하다. 🖋

아무것도 아닌 일로
야단법석 떨지 마라

쓸데없는 말을 지어내거나 아무것도 아닌 일로 야단법석을 떠는 사람이 있다. 이들은 항상 허풍을 떨 뿐만 아니라 어떤 일이든지 심각하게 받아들여 분쟁을 일으키고, 좋지 않은 소문을 만들어낸다.

모르는 척하고 지나쳐도 될 일을 마음에 두는 것처럼 어리석은 것은 없다. 처음에는 잔뜩 겁먹었던 일이 그냥 내버려두면 하찮은 일이 될 때가 많기 때문이다.

쉽게 처리할 수 있는 일도 섣불리 손을 대면 오히려 상황이 심각해진다. 가벼운 병을 치료한다고 손을 댔다가 오히려 병을 악화시키는 어리석음을 범하지 마라. 🖋

튀는 행동을
삼가라

지나치게 튀는 행동은 탁월한 재능마저도 단점으로 만든다. 유별난 언행은 지나친 관심을 불러일으키고, 지나친 관심은 쉽게 비난의 대상이 된다. 결국 유별난 사람은 존경보다 가벼운 소문의 주인공이 되고, 외톨이로 남게 된다.

심지어 아름다움도 지나치면 좋은 평판에 해가 되고, 지식과 통찰력조차 지나치면 쓸데없는 말장난으로 전락한다. 🖋

거짓말쟁이의
비극

거짓말쟁이는 두 가지 점에서 불행하다. 그는 남을 믿지 못하고, 다
른 사람들도 그를 믿지 않는다. 🖋

자신과의 싸움에서
이기는 법

격정을 잠재우려면 먼저 자신이 격정에 휩싸여 있다는 것을 솔직하게 인정해야 한다. 더 이상 감정에 휩싸이지 않고 감정을 지배하겠다고 단호하게 마음먹음으로써 자신과의 싸움이 시작된다. 단지 이러한 생각을 하는 것만으로도 분노를 급격하게 완화시킬 수 있다.

지혜로운 사람은 스스로 격정을 잠재우는 법을 알고 있고, 가장 적절한 시기에 격정을 잠재운다. 일단 격정이 거세지면 통제하기가 좀처럼 쉽지 않다는 것을 알기 때문이다. 🖋

상황을 유리하게
전환시키는 능력

모든 것에는 양면성이 있다. 가장 우수한 창도 창날을 잡으면 손을 베이지만, 자루를 잡으면 뛰어난 무기가 된다.

어려움을 초래하는 수많은 일도 그것의 장점만 생각하면 오히려 인생의 즐거움을 얻을 수 있다.

어떤 일에나 유리한 점이 있는가 하면 불리한 점도 있게 마련이다. 따라서 중요한 것은 사물이나 상황을 자신에게 유리하게 전환시키는 능력이다.

지혜로운 사람은 언제나 사물이나 상황을 긍정적인 측면에서 본다. 이들은 불운이 닥쳐도 별로 걱정하지 않는다. 긍정적인 태도로 상황을 자신에게 유리하게 만드는 방법을 알기 때문이다. 이런 자세는 어떤 인생을 추구하건 매우 유용하다. 🖋

명예를 다른 사람의
손에 맡기지 마라

상대가 자신의 명예를 걸고 맹세하지 않는 한, 당신의 명예를 절대로 그의 손에 맡기지 마라. 상대가 당신이 맹세한 내용을 폭로하면 두 사람 모두 좋지 않은 상황에 처하게 되어 침묵을 지킬 수밖에 없도록 해두어라. 자신의 명예를 지키기 위해서 상대의 명예를 지켜주도록 서로 약속하라.

만일 불가피하게 당신의 명예를 상대에게 맡겨야 한다면, 최대한 신중하고 조심스럽게 처리하라. 상대가 당신에 대해 불리한 말을 하지 못하도록, 문제가 생겼을 때 그 역시 위험과 피해를 함께 지도록 해두어라.

궤변의 유혹에
빠지지 마라

진부해지는 것이 두려워 궤변을 늘어놓지 마라. 진부함과 궤변 모두 평판을 나쁘게 만들기는 마찬가지이다. 우리는 이러한 어리석음으로 인해 스스로 자신의 위엄을 훼손한다.

궤변은 처음에는 그럴듯해 보여서 흥미를 자극하지만 곧 속임수가 드러나고 더 나쁜 결과를 가져온다.

국정을 운영하는 사람이 궤변을 늘어놓으면 국가가 파멸에 이를 수도 있다. 자신의 힘으로 높은 자리에 올라갈 수 없는 정치인들은 걸 핏하면 궤변을 늘어놓는다. 처음에는 그들의 궤변에 감탄하던 사람들도 결국 그 속에 깃든 허위를 알아낸다. 궤변을 늘어놓는 것은 그가 진실을 전혀 알지 못한다는 사실, 건전한 분별력과 이해력이 없다는 사실을 보여줄 뿐이다.

'지는 해'가 될 때까지
기다리지 마라

"사람들이 당신을 버리기 전에 당신이 먼저 그들을 떠나라."

지혜로운 사람은 이 격언을 평생 가슴에 품고 산다.

인생을 아름답게 만들기 위해서 가장 중요한 것은 마지막을 승리로 장식하는 것이다. 지혜로운 조련사는 자신의 경주마가 달리다가 쓰러져 관중의 조롱을 받기 전에 그 말을 은퇴시킨다. 미인은 늙어서 추해진 자신의 모습을 보지 않으려고 적절한 시기에 거울을 깨뜨린다.

과장하는 것은
어리석은 자들의 특징이다

최상급의 표현을 남발하는 주장은 결코 신뢰받지 못한다. 이런 주장은 진리를 왜곡시키고 판단력을 흐리게 만든다. 과장과 허풍은 자신의 품위를 해칠 뿐만 아니라 지성이 부족하다는 것을, 그리고 가치관이 정립되지 않았다는 것을 드러낸다.

칭찬은 호기심을 불러일으키고, 호기심은 욕망을 자극한다. 하지만 현실에서 흔히 일어나는 경우처럼, 물건이 기대한 것에 미치지 못하면 고객은 속았다고 생각하면서 물건을 칭찬한 사람과 물건을 싸잡아 비난한다. 따라서 지혜롭고 현명한 사람들은 과장해서 선전하다가 신뢰를 잃기보다는 그것을 알아봐줄 안목을 가진 사람들을 찾아나선다.

과장은 일종의 거짓말이다. 과장과 허풍으로 사람들을 실망시킨 사람은 판단력 없는 사람이라는 평가뿐만 아니라 거짓말쟁이라는 비난도 감수해야 한다. 🖋

폭넓은 인간관계에서
얻는 교훈

내적으로 성숙한 사람이 되기 위해서는 다양한 사람들과 어울려야
한다. 여러 사람들과 어울려 지내다 보면 그들의 도움을 받아 자신
에게 부족한 것들을 채울 수 있고, 상대방의 습관과 가치관, 지식까
지도 내 것으로 만들어 자신도 모르는 사이에 많은 면에서 발전하게
된다.

성격이 급하면 느긋한 사람들과 사귀고, 성격이 무르면 강한 사람들
과 어울려라. 그러면 굳이 애쓰지 않아도 자연스럽게 어느 한쪽으로
치우치지 않고 중용을 지키게 된다.

성격도 다르고 취향도 다르고 능력도 다른 사람들과 조화롭게 지내
는 것이야말로 가장 성숙한 사람의 태도이다. 상반되는 것들을 적절
하게 조화시킴으로써 세상은 더 아름다워지고 잘 유지된다.

존경을
강요하지 마라

자신의 능력이 아니라, 높은 지위에 있다는 사실을 자랑하는 것처럼 상대방을 불쾌하게 만드는 것은 없다. 자신이 '대단한 인물'이라고 거들먹거리는 것만큼 꼴불견도 없다.

존경은 자신이 아니라 상대의 몫이다. 존경받으려고 애쓸수록 그만큼 존경과 멀어지고 존경받을 만한 자격이 있으면 가만히 있어도 사람들이 따른다.

존경받고 싶으면 잠자코 기다려라. 지위에 합당한 자질을 갖추고, 자신에게 맡겨진 일을 충실하게 해나가라. 높은 자리에 있다는 이유로 존경을 강요하는 사람은 자신이 그 자리를 차지할 자격이 없다는 사실을 드러낼 뿐이다.

사람은 도덕적 행위로
가치가 드러난다

상대가 얼마나 성숙한 사람인지는 그의 옷차림이 아니라 습관을 통해 알 수 있다. 황금은 무게로 가치가 드러나고, 사람은 도덕적 행위로 가치가 드러난다.

도덕적이고 품위 있게 행동하면 그 사람의 재능과 능력이 더욱 돋보이고, 자연스럽게 사람들의 존경을 받게 된다.

태연함과 침착함은 정신의 성숙을 나타낸다. 이러한 태도는 어리석은 사람들이 흔히 오해하는 것처럼 무관심이나 경계심이 아니라, 차분하고 평온한 마음에서 비롯된다. ✐

꾸준히 자신을
성찰하라

모든 일에 앞서 자기 자신을 알아야 한다. 자신의 성격이 어떤지, 지적 수준이 어느 정도인지, 충분한 분별력과 판단력이 있는지, 감정상태가 어떤지를 알아야 한다. 자신을 철저하게 알지 못하면 결코자신을 다스릴 수 없다.

얼굴을 보여주는 거울은 있지만 마음을 보여주는 거울은 없다. 따라서 꾸준한 자기 성찰을 통해 마음을 들여다보아야 한다. 더 이상 겉모습에 신경 쓰지 말고, 내면의 자질을 함양하고 개선해야 한다.

무엇보다 자신의 능력이 어느 정도인지를 정확하게 파악해야 한다. 그리고 어려움을 얼마나 잘 이겨낼 수 있는지를 파악하고, 정신적으로얼마나 강한지를 살피고, 얼마나 많은 재능을 가지고 있는지를 알아내야 한다. 🖋

어리석은 사람과는
절대 엮이지 마라

무례한 사람, 완고한 사람, 허영심에 가득 찬 사람 등 모든 어리석은 사람을 경계하라. 세상에는 여러 부류의 어리석은 사람이 있는데, 이들과 관계를 맺지 않는 것이야말로 지혜로운 사람의 첫 번째 조건이다. 매일 신중함이라는 거울 앞에 서서 자신을 점검하고, 그들을 피할 수 있도록 무장하라. 조금이라도 방심하면 언제든 어리석은 사람 때문에 자존심이 상하거나 지금까지 애써 쌓아온 명성을 잃을 수 있다.

세상이라는 넓은 바다에는 수많은 암초들이 감춰져 있다. 트로이전쟁 당시 오디세우스가 영리하게 경로를 바꾸어 결국 승리를 거머쥔 것처럼, 현명한 사람은 어리석은 사람들을 교묘하게 피해 다닌다. 특히 대범하고도 정중하게 이들을 모르는 척하는 것이야말로 자신의 명성을 지키고 평화를 유지하는 데 가장 효과적이고 뛰어난 기술이다.

어리석은 사람은
불운을 몰고 온다

정말 어리석은 사람은 어리석은 행동을 하는 사람이 아니라, 어리석은 사람을 보고도 그가 어리석다는 것을 알지 못하는 사람이다. 그런데 그보다 더 어리석은 사람은 어리석은 사람과 인연을 끊지 못하는 사람이다.

어리석은 사람들과 어울리는 것만으로도 위험하지만 그들에게 속마음을 털어놓으면 더 큰 위험에 빠질 수 있다. 어리석은 사람은 스스로 조심하거나 다른 사람들을 의식해서 애써 주의를 기울이더라도, 결국에는 어리석은 말과 행동을 하고 말기 때문이다.

따라서 어리석은 사람들은 항상 불운하다. 바로 그것이 어리석은 사람들이 평생 짊어지고 다니는 무거운 짐이다. 그들과 어울리면 당신도 결국 불운에 걸려 넘어지게 된다. 🪶

사소한 배신행위가
명성에 치명타를 입힌다

지혜로운 사람은 싸울 때에도 구차하게 싸우지 않는다. 그는 상대방의 요구에 따라 행동하지 않고 자신의 본성에 따라 행동한다.

적대 관계에 있는 사람에게 관대하게 대해주는 것이야말로 진정한 승리에 이르는 길이다. 지혜로운 사람은 싸움에서 이기기보다 자신이 명예를 존중하는 뛰어난 전사라는 사실을 보여주고자 한다.

명예롭지 못한 승리는 승리가 아니라 패배일 뿐이다. 고결한 사람은 친구와의 우정에 금이 갔을 때 얻은 무기는 절대로 사용하지 않는다. 심지어 증오하는 사람과 싸울 때에도 그가 자신에게 가졌던 신뢰를 이용하지는 않는다. 아무리 사소한 배신행위도 자신의 명성을 완전히 무너뜨릴 수 있기 때문이다. 🖋

잃을 것이 없는 사람과는
경쟁하지 마라

잃을 것이 아무것도 없는 사람과는 절대로 경쟁하지 마라. 이들과 경쟁하는 것은 대등하지 못한 조건에서 다투는 것과 같다.

상대방은 아무런 부담도 없이 경쟁에 나선다. 그는 수치심을 비롯해 모든 것을 이미 잃었기 때문이다. 따라서 그는 명예를 포기한 채 온갖 무례한 말과 행동을 일삼는다. 이처럼 위험 부담이 큰 사람과는 절대로 명예를 걸고 경쟁하지 말아야 한다. 단 한 번의 추문으로도 오랫동안 쌓아온 명예가 순식간에 무너질 수 있기 때문이다.

지혜로운 사람은 함부로 자신의 명예를 걸고 경쟁하지 않는다. 이들은 적절한 순간에 현명하게 물러설 기회를 살피면서 최대한 신중한 자세로 경쟁에 나선다. 만약 자신이 승리한다 해도 그 과정에서 한 번 잃어버린 명예는 결코 되찾을 수 없다는 것을 알기 때문이다.

적을 만들지 않기 위해 알아야 할 것들

3장

헛된 공명심을
경계하라

윗사람의 비밀은
듣지도, 말하지도 마라

윗사람의 비밀을 알려고 하지 마라. 그가 당신에게 비밀을 고백했다고 해서 당신이 그의 심복이 되었다고 생각하는 것은 착각이다. 윗사람의 비밀을 듣는 것은 특권이 아니라 마음의 짐일 뿐이다.

인간은 자신의 추한 모습을 상기시켜주는 거울을 언젠가는 깨버린다. 마찬가지로 자신의 참모습을 본 사람을 멀리하고, 단점을 아는 사람을 부담스러워한다. 특히 윗사람은 아랫사람이 자신의 약점을 잡고 있는 것을 도저히 용납하지 못한다. 그는 잃어버린 자유를 회복하기 위해 자신의 이성까지도 과감하게 버릴 수 있다.

이러한 이유로 한때 권력자의 심복이었다가 한순간에 파멸당한 사람이 부지기수에 이른다. 따라서 윗사람의 비밀은 듣지도, 말하지도 않는 것이 현명하다. ✍

윗사람과
경쟁하지 마라

모든 승리는 필연적으로 증오심을 불러온다. 특히 아랫사람이 윗사람을 이기는 경우에는 한층 더 큰 미움을 받게 된다. 애써 꾸미지 않으면 아름다움도 잘 드러나지 않듯이, 윗사람 앞에서는 자신의 장점을 지나치게 드러내지 않아야 한다.

사람들은 자신보다 운이 좋거나 인격이 뛰어난 사람에 대해서는 부러워할 뿐 질투나 미움을 느끼지는 않는다. 하지만 자신보다 능력이나 지성이 뛰어난 사람은 시기와 질투의 대상이 된다. 특히 아랫사람이 자신보다 뛰어난 능력을 발휘하는 것을 참아주는 윗사람은 없다.

높은 지위에 있는 사람은 지성에서만큼은 최고가 되고자 한다. 군주는 신하들이 자신을 보좌하는 것은 용납하지만 자신을 능가하는 것은 절대로 용납하지 않는다. 따라서 윗사람에게 조언할 때에는 한 수 가르쳐준다는 식의 태도가 아니라, 그가 잊고 있던 것을 떠올리게 해준다는 듯한 태도를 취해야 한다. ✎

헛된 공명심의
결과

우쭐한 마음에 혹은 돋보이고 싶은 마음에 특이하고 변덕스러운 행동을 하는 사람이 있다. 사람들은 이런 사람을 보고 개성이 강하다라고 생각하기보다는 허영심과 헛된 공명심에 사로잡혀 있다고 생각한다.

얼굴이 유난히 못생겨서 널리 알려진 사람처럼, 그는 혐오스러운 행동으로 널리 알려진다. 그리고 자신의 바람과 달리 좋은 평판을 얻기는커녕 결국 조롱거리로 남게 된다. ✐

원칙을 지키는
사람과 어울려라

언제나 원칙을 지키는 사람들과 어울려라. 그들에게 호의를 베풀고,
그들에게서 호의를 얻어라. 그들은 명예를 중요하게 생각하기 때문에
당신과 사이가 좋지 않을 때에도 당신을 정당하게 대해줄 것이다. 그
들은 언제나 자신의 인격대로 행동하기 때문이다.
원칙을 지키지 않는 사람들과는 안전한 교제를 할 수 없다. 그들에
게는 굳이 올바르게 행동해야 할 이유가 없기 때문에 자기들끼리도
진정한 우정을 나누지 않는다. 이들의 입에서 나오는 말은 아무리
달콤해도 결코 신뢰해서는 안 된다. ✐

독불장군이
되지 마라

많은 사람이 좋아하고 칭찬하는 것을 혼자 비난하지 마라. 이유를 알 수 없더라도, 많은 사람이 좋아하고 즐기는 것에는 반드시 그럴 만한 특별한 점이 있다.

대중의 관심사를 무시하고 자신의 생각과 행동만 고수하는 사람은 이내 미움과 조롱의 대상이 되고, 결국 외톨이가 된다. 모두가 좋아하는 것에서 좋은 점을 발견하지 못한다면, 그것을 발견하지 못하는 자신의 무능력을 감추는 것이 현명하다.

일반적으로 나쁜 취향은 무지에서 비롯된다. 좋은 취향과 감식안은 대중의 판단과 연결되어 있고, 비록 일시적인 유행이나 휩쓸림처럼 보이더라도 그 당시에는 그것이 가장 가치 있는 것이다.

정상과
비정상

흔히 정치가들은 이렇게 말한다.

"자기 혼자만 정상적인 사람이 되기보다는 온 세상 사람들과 함께 미치는 것이 낫다."

세상 사람들이 모두 미쳤다면 당신 역시 미쳐라. 당신 혼자 정상이면 사람들은 당신이 미쳤다고 생각한다. 중요한 것은 시대의 흐름에 따르는 것이다. 흐름을 알지 못하는 것 혹은 알고도 모르는 척하는 것처럼 어리석은 것은 없다. 사람은 누구나 다른 사람들과 어울려 살아야 한다. 자기 혼자 살려면 신처럼 거룩하게 살거나 완전히 야수의 생활을 해야 한다. 🖋

경쟁 상대에게
배워라

적을 이용하는 법을 배워라. 손을 베는 칼날이 아니라 공격할 수 있는 손잡이를 잡는 식으로 상황을 파악하라. 이 말은 모든 경쟁에 적용된다.

현명한 사람은 어리석은 동지보다 적에게서 더 많은 것을 얻는다. 역사상에는 적이 가진 증오심을 이용해서 엄청난 어려움을 해결하고 위대한 인물이 된 사람이 상당수 있다.

아첨이 증오심보다 위험하다. 상대의 증오심은 자신의 결함을 고칠 수 있도록 자극을 주지만 아첨은 결함을 덮어버리기 때문이다. 현명한 사람은 상대의 증오심을 거울삼아 행동한다. 이는 상대의 애정을 거울삼아 행동하는 것과 비교가 되지 않을 정도로 지혜로운 태도이다. ✐

부러진 손가락을
보여주지 마라

부러진 손가락을 보여주면 모든 공격이 그 손가락에만 집중된다.

아무리 작은 상처라도 그것에 대해 절대로 불평하지 마라. 악의를 가진 사람들은 당신의 약한 곳을 호시탐탐 노리고 있다. 낙담한 듯한 인상도 주지 마라. 상대방은 그것을 핑계로 당신을 조롱거리로 삼으려 할 것이다.

악의를 품은 사람들은 항상 다른 사람의 상처를 건드릴 생각만 한다. 이들은 온갖 방법을 동원해 아픈 곳만 공격한다. 따라서 지혜로운 사람은 악의를 가진 사람들의 공격을 받아도 태연하게 행동할 뿐만 아니라 상처가 될 만한 곳을 절대로 드러내지 않는다.

운명도 때로는 우리의 가장 약한 곳을 노려 상처를 입힌다. 고통이 사라지고 즐거움이 계속되기를 바란다면, 고통이나 즐거움이 어디에서 오는지 함부로 드러내지 마라. ✐

유연한 태도를
길러라

세상 사람들은 자주 반으로 나뉘어 서로를 비웃는다. 하지만 이처럼 어리석은 일도 없다. 모든 것은 어떻게 보느냐에 따라 옳기도 하고 그르기도 한데, 자신의 생각만 고집하는 것은 사물의 반만 볼 줄 아는 것과 같다.

뛰어난 재능을 모두 가지고 태어난 사람은 없다. 사람마다 얼굴이 다르듯 재능도 제각각이다. 나아가 결점이 없는 사람도 없다.

다른 사람의 마음을 흡족하게 해주지 못했다고 해서 굳이 자신의 능력을 탓하지 마라. 어딘가에는 반드시 당신을 인정해줄 사람이 있다. 그렇다고 박수갈채에 지나치게 좋아할 필요도 없다. 어딘가에는 당신을 비난할 사람도 있을 것이다.

따라서 우리는 하나의 의견, 하나의 관례, 특정 시기의 가치관 등에 지나치게 얽매여 다른 사람을 무시하거나 혹은 지나치게 자신을 낮출 필요가 없다. ✒

침묵을
방패막이로 이용하라

비밀이 없는 사람의 마음은 공개된 편지와 같다. 침묵은 훌륭한 자제력에서 나오는데, 필요한 순간 침묵을 지키는 것이야말로 진정한 승리이다.

당신을 소외시키려고 작정한 사람과의 대화, 당신을 마음대로 조종할 목적으로 당신의 말꼬투리만 잡고 늘어지는 사람과의 대화, 자신의 속셈을 숨기고 교묘한 말만 늘어놓은 사람과의 대화에서, 과묵함을 유지하기란 말처럼 쉽지 않다. 하지만 지혜로운 사람은 자기가 할 일은 행동으로 보여주고, 이미 한 일은 반복해서 설명하지 않는다. 이들에게 침묵은 자신의 재능을 보호해주는 훌륭한 방패막이이다. ✐

헛소문은
못 들은 척하라

사악한 시기심을 가진 사람은 뛰어난 사람을 비방함으로써 자신의 이름을 알리고자 한다. 이들은 스스로 탁월한 작품을 창조할 수 없기 때문에, 명성을 자랑하는 작품에 불을 지름으로써 자신이 영원히 유명해지기를 꿈꾼다.

이들에 대해서는 무시하는 것이 가장 훌륭한 대처법이다. 그러면 이들은 자신이 원했던 명예는커녕 오점만 남기게 된다.

당신에 대한 헛소문을 잠재우는 가장 효과적인 방법은 그것에 대해서 못 들은 척하는 것이다. 맞서 싸우고 반론을 제기할수록 사람들은 오히려 당신을 믿지 않고, 당신을 비방한 상대는 교묘한 만족감을 느낄 것이다.

어떤 경우에도
적을 만들지 마라

어떤 사람과도 관계를 아주 끊지는 마라. 그렇게 하면 좋은 평판이 한순간에 무너질 수 있기 때문이다.

모든 사람이 친구가 될 수는 없지만, 누구나 적이 될 수는 있다. 이익을 주는 사람은 소수에 지나지 않지만, 누구라도 나에게 피해를 줄 수는 있다. 심지어 제우스의 보호를 받았던 독수리조차도 딱정벌레와 다툰 날부터는 단 하루도 안심하고 쉬지 못했다.

당신이 심하게 몰아붙여 관계를 끊은 친구들은 원한에 사무친 원수가 되고, 자신들의 잘못도 당신의 잘못으로 돌릴 것이다. 사람은 본래 자신이 보고 싶은 대로 보고 자기 눈에 비치는 대로 말하기 마련이다.

인간관계를 끊어버린 상태에서 당신을 비난하지 않을 사람은 아무도 없다. 그들은 당신이 속 좁고 인내심이 부족하다고 비난할 것이다. 만일 어쩔 수 없이 누군가와 관계를 끊어야 한다면 감정이 폭발해서가 아니라 서서히 우정이 식었기 때문이라고 상대방을 이해시킬 수 있어야 한다.

파벌을 만들어
불화를 일으키지 마라

비난을 불러일으키는 터무니없는 일에는 절대로 휩쓸리지 마라. 세상에는 지혜롭고 현명한 사람들이 배척하는 것이면 무엇이든 좋아하는 별난 취향을 가진 사람들이 있다. 이들은 조직의 규율과 규칙에 따르지 않고 자신만의 파벌을 만들어 온갖 기행을 일삼고, 그 때문에 세상의 조롱거리가 된다.

반면 지혜로운 사람은 자신에 대해 거들먹거리지 않고, 여러 사람들과 적절히 조화를 유지하면서도 자신의 개성을 드러낸다. 이들은 이유 없이 파벌을 만들지 않고 규칙과 원칙을 소중하게 생각한다. 또한 다른 사람들의 조롱거리가 되는 일은 철저하게 피해 다님으로써 자신의 명예를 유지한다. ✒

때로는 알면서도
모르는 척 지나가라

높은 지위에 있는 사람은 결코 좀스럽고 시시하게 행동해서는 안 된다. 대화를 나눌 때 지나치게 꼬치꼬치 캐물어서도 안 된다. 특히 상대가 불편한 기색을 드러낼 경우에는 더욱 그렇다.

때로는 알면서도 모르는 척하고 지나가라. 자연스러운 대화를 수사관이 꼬치꼬치 캐묻는 심문으로 만들지 마라. 특히 다른 사람을 다스리는 자리에 있을 때에는 알면서도 모르는 척하고 지나가는 자세가 중요하다. 절친한 친구들, 지인, 심지어 적과의 관계에서도 모르는 척하고 내버려두어야 할 일이 있다.

어떤 일이든 지나치게 자세하게 따지고 들면 상대방은 짜증을 낸다. 특히 불쾌한 문제를 계속해서 문제 삼는 것처럼 어리석은 행동은 없다. ✐

극단적으로
밀어붙이지 마라

좋은 것이든 나쁜 것이든 종류에 상관없이, 어떤 것도 극단적으로 밀어붙이지 마라. 지혜의 근본은 중용이다.

옳은 것도 지나치게 밀어붙이면 결과가 좋지 않다. 이를 테면, 오렌지의 단맛을 모두 빼내면 쓴맛만 남게 된다. 지나치게 머리를 쓰면 좋은 생각도 바닥나고, 소의 젖을 지나치게 짜면 우유가 아닌 피가 나온다. 🖋

충분한 능력을 갖추되
적당히 보여주어라

어떤 일이든 해결해주는 해결사 같은 사람이 되지 마라. 능력이 뛰어난 사람은 악용될 가능성이 높다. 모든 사람이 그를 탐내기 때문에 그는 모든 사람에게 걱정거리가 된다.

어느 누구에게도 쓸모없는 사람이 되는 것은 불행하다. 하지만 모든 사람에게 쓸모 있는 사람이 되는 것은 더욱 불행하다. 모든 사람에게 쓸모 있는 사람은 아무에게도 쓸모없는 존재와 마찬가지이고, 오히려 분란의 대상이 되기 때문이다.

어느 분야에나 해결사나 만병통치약 같은 존재가 있는데, 그들은 탁월하다는 최초의 평판을 잃고 이내 평범하다는 경멸을 받는다. 이러한 상황에 처하지 않으려면 재능을 지나치게 드러내서는 안 된다.

충분한 능력을 갖추되 그것을 적당히 보여주어라. 횃불이 밝으면 밝을수록 그만큼 기름이 소모되고, 횃불이 꺼질 시간이 다가온다. ✏

나쁜 소문을
경계하라

천박한 군중은 악의를 품은 눈과 다른 사람을 헐뜯는 혀가 달린, 여러 개의 머리를 가진 괴물과 같다. 나쁜 소문은 좋은 평판을 실추시키고, 이내 별명처럼 달라붙어 평생 소문의 주인공을 따라다닌다.

군중은 눈에 띄는 약점이나 터무니없는 결함을 물고 늘어져 나쁜 소문을 만들고, 시기심이 강한 사람은 다른 사람의 작은 결함이나 잘못을 일부러 부풀리곤 한다. 이들은 파렴치하고 뻔뻔한 거짓말이나 가벼운 농지거리로 상대의 명성을 단 한 번에 무너뜨린다.

좋은 평판을 얻는 데는 오랜 시간이 걸리지만, 그것을 잃는 것은 순식간이다. 사람들은 남을 헐뜯는 말은 쉽게 믿고, 좀처럼 잊지 않는다. 따라서 지혜로운 사람은 처음부터 나쁜 소문이 나지 않도록 매사 경계하고 행동을 조심한다. ✐

불길한 소식을
전하지 마라

쓸데없는 걱정거리를 피하라. 그 첫 단계는 불길한 소식을 전하지 않는 것이다. 불길한 소식은 다른 사람들에게 전하지 말고, 심지어 듣지도 마라.

독살을 두려워해서 날마다 조금씩 독약을 마신 소아시아 폰투스의 미트라다테스 왕처럼, 세상에는 매일 좋지 않은 소식을 듣지 않고는 살아갈 수 없는 사람들이 있다. 그들을 기쁘게 해줄 목적으로 행복한 삶에 반대되는 행위를 해서는 안 된다. ✍

빨리 말하는 사람은
실패도 빨리 한다

항상 신중한 태도로 말하고, 경쟁 관계에 있는 사람에게는 더욱 조심해서 말하라. 인생을 살다 보면 한마디 더 말할 시간은 있어도, 그 한마디를 취소할 시간은 쉽게 오지 않는다.

평소 유언장을 쓴다는 각오로 말하라. 말이 짧을수록 분쟁도 적어진다. 아무리 사소한 말도 가장 중요한 말을 하는 것처럼 하라. ✐

혀를
잘 다스려라

혀는 야수와 같다. 일단 고삐가 풀리면 좀처럼 재갈을 물릴 수 없다. 혀는 정신의 맥박이다. 지혜로운 사람은 상대의 말을 통해 정신의 건강 상태를 파악하고 마음을 읽어낸다.

안타까운 것은 혀를 가장 조심해야 할 사람이 마구 혀를 놀린다는 것이다. 반면 지혜로운 사람은 항상 말을 조심함으로써 근심 걱정에 빠지지 않고, 난처한 상황을 피하고, 자제력이 뛰어나다는 사실을 보여준다. ✎

중용의
지혜

지혜로운 사람은 남들이 과장해서 떠벌리는 말에 쉽게 실망하지 않고, 아첨에 취해 자신의 능력을 과신하지도 않는다. 과장하는 사람이나 아첨하는 사람이나 방법만 다를 뿐, 목적은 같다. 그들은 자기 주위에 누가 있는지를 살펴서 자신의 필요에 따라 그때그때 말을 바꿀 뿐이다. ✐

진실을 말하는
기술

진실을 말하는 것은 위험하다. 하지만 명예를 중요하게 생각하는 사람은 진실을 말할 수밖에 없고, 따라서 진실을 말할 때에는 적절한 기술이 필요하다.

지혜로운 사람은 진실의 날카로움은 유지하되 부드럽게 전달함으로써 상대방이 거부감 없이 받아들일 수 있게 한다. 똑같은 말을 아첨으로 듣는 사람이 있는가 하면, 비난으로 받아들이는 사람도 있기 때문이다.

진실을 말할 때에는 현재의 문제라도 이미 오래전에 지나간 일처럼 말하라. 핵심을 이해하는 사람들은 몇 마디로도 충분하지만, 그렇지 않은 사람에게는 오히려 아무 말도 하지 않는 것이 낫다. 특히 윗사람에게 진실을 말할 때에는 최대한 정중하게 말하는 것이 현명하다.

영원히 사랑하지도,
영원히 미워하지도 마라

오늘의 친구가 내일 가장 무서운 적이 될 수 있다. 인생을 사는 동안 이런 일은 다반사로 일어난다.

우정을 저버린 친구에게 경솔하게 약점을 잡혀 그가 나중에 손쉽게 싸움을 걸어오는 일이 없도록 하라. 또한 적에게는 늘 화해의 문을 열어두어라. 가장 안전하고 평화로운 관용의 문을. 흔히 복수의 기쁨은 큰 고통으로 변하고, 상대에게 해를 입혀서 누린 만족감은 슬픔으로 변하곤 한다. ✐

사악한 고집쟁이는
피하는 것이 최선이다

무턱대고 고집만 부리는 것은 모든 일을 그르치게 만드는 가장 일반적인 태도이다. 세상에는 항상 무법자처럼 행동하고, 어떤 일에서든 자기 뜻만 관철시키려 하고, 매사에 분쟁을 일삼는 사악한 고집쟁이들이 있다. 이들은 다른 사람들과 어울려 평화롭게 살아가는 방법을 알지 못한다.

이런 사람이 국가의 지도자가 되면, 국가는 멸망의 위기를 맞는다. 이들은 파벌을 만들고, 보살펴야 할 국민을 오히려 적으로 만든다. 또한 모든 일을 은밀하게 처리하고, 모든 성공이 자신의 능력 때문이라고 자랑한다.

이러한 사악한 고집쟁이들은 보통의 방법으로는 바로잡을 여지가 전혀 없다. 오직 이들과 멀리 떨어져 사는 것이 가장 좋은 방법이다. ✐

다른 속셈을 가진
사람을 조심하라

영악한 사람들은 상대방의 경계심을 완전히 무너뜨린 다음에 공격을 시작한다. 일단 경계심이 사라지면 상대방은 손쉽게 속아 넘어간다. 이들은 원하는 것을 얻기 위해서 원하지 않는 것처럼 속이고, 일인자가 되기 위해서 이인자의 위치를 차지한다. 이러한 교묘한 수법은 좀처럼 실패하지 않는다.

다른 속셈을 가진 사람은 자신이 진짜 원하는 것을 얻기 위해 두 가지를 내세운다. 그중 하나는 진짜이고, 다른 하나는 가짜이다. 그는 당신 주위를 빙글빙글 돌면서 혼란스럽게 하다가 갑자기 몸을 돌려 과녁의 중심을 맞출 것이다. 그에게 속지 않기 위해서는 어떤 것을 양보하고, 어떤 것을 지켜야 할지 잘 판단해야 한다. 때로는 적당한 시기에 당신이 그의 속셈을 알고 있다는 암시를 주는 것도 좋은 방법이다. ✐

다른 사람의 결점을
들추지 마라

다른 사람의 단점을 기록하는 블랙리스트를 작성하지 마라. 다른 사람의 오점에만 관심을 기울이다 보면 결국 자신의 명성이 더 더럽혀질 뿐이다.

다른 사람의 잘못을 일부러 들추어서 자신의 결점을 숨기거나 자신을 돋보이게 하려는 사람들이 있다. 하지만 그것은 어리석은 사람들이나 좋아하는 값싼 위안에 지나지 않는다. 이들의 입에서는 악취가 난다. 좋지 않은 소문을 퍼뜨리면 퍼뜨릴수록 그의 입은 그만큼 더 러워진다.

결점이 없는 사람은 없다. 다만 그가 유명하지 않아서 그 결점이 널리 알려지지 않을 뿐이다. 따라서 지혜로운 사람은 다른 사람의 결점을 애써 기억하지도 않고, 더러운 블랙리스트를 만들지도 않는다. ✐

불평과 칭찬의
역설

다른 사람에 대해 불평하는 것은 오히려 자신의 신뢰를 무너뜨리는 행동이다. 아무리 화가 치밀어도 의연함을 유지하는 것이 값싼 동정을 받기 위해 하소연하는 것보다 항상 더 낫다.

당신이 다른 사람에 대해 불평하면 상대는 마치 자신이 불평의 대상이 된 것처럼 모욕감을 느끼고 당신에게 모욕을 되돌려줄 구실을 찾게 된다. 이것이 불평의 역설이다.

같은 원리로 당신이 다른 사람에 대해 칭찬하면 상대는 마치 자신이 칭찬의 대상이 된 것처럼 느끼고 당신에게 호의를 베풀고자 한다. 따라서 상대의 마음을 얻고자 한다면 불평하기보다 다른 사람을 칭찬함으로써 상대에게도 비슷한 호의를 받아내는 것이 현명하다.

지혜로운 사람은 다른 사람에 대해서 절대로 불평하지 않고, 자신이 호의를 받은 일에 대해서만 말한다. 이러한 방법으로 친구를 얻고 적대관계에 있는 사람들이 자신을 공격할 어떠한 구실도 주지 않는다. ✐

가까운 사람들의
단점에 익숙해져라

친구, 가족, 지인들의 단점에 익숙해져라. 당신이 그들에게 의존하거나 그들이 당신에게 의존하고 있다면, 서로의 단점에 익숙해지지 않으면 안 된다.

세상에는 꼴도 보기 싫을 정도로 성질이 고약한 사람들도 있다. 하지만 안타깝게도 이들과 더불어 살아갈 수밖에 없는 것이 인생이다.

따라서 못생긴 얼굴에 익숙해지듯이 요령껏 이들의 고약한 성질에도 익숙해져야 한다. 처음에는 도저히 참을 수 없는 단점도 익숙해지면 점차 불쾌감이 사라지고 자연스럽게 받아들일 수 있게 된다. ✍

다른 사람을
함부로 꾸짖지 마라

역류를 거슬러 배를 몰면 앞으로 나아가지 못하고 오히려 위험한 상황에 빠지게 된다. 오직 소크라테스와 같은 위대한 철학자만이 대세를 거스를 수 있다. 평범한 사람들은 섣불리 이렇게 행동해서는 안 된다.

사람들은 상대가 자신과 다른 의견을 내세우면, 자신에 대한 모욕으로 여긴다. 자신의 생각이 틀렸다고 비난하는 것으로 받아들이기 때문이다. 그들은 그것이 옳든 그르든 상관없이 상대가 자신과 다른 의견을 말했다는 사실만을 공격한다. 반면 지혜로운 사람은 다른 사람들과 의견의 옳고 그름을 다투지 않고, 그들이 자신의 의견을 공격할 기회를 주지도 않는다. 그는 상대의 생각이 틀리다는 사실을 알아도 절대로 그것을 드러내지 않는다.

누구든 자유롭게 생각할 권리가 있다. 따라서 누구도 다른 사람의 생각에 대해서 함부로 꾸짖을 수 없고, 꾸짖어서도 안 된다. 지혜로운 사람은 상대가 반대의견을 내면 자신의 자리로 물러가서 침묵을 지킨다. 그리고 자신의 말을 이해하는 지혜롭고 현명한 사람에게만 자신의 생각을 말한다. ✔

사소한 일로
의견 충돌을 일으키지 마라

사람들과 의견 충돌을 일으키지 마라. 의견 충돌을 일으키는 것은
자신이 어리석고 화를 잘 내는 사람이라는 사실을 드러낼 뿐이다.
사사건건 꼬투리만 잡는 사람은 영리하다는 소리는 들을 수 있을지
언정, 실제로는 바보에 지나지 않는다. 이들은 결국 화기애애한 대화
를 언쟁으로 만들고, 친구와 지인들을 적으로 돌리게 된다. ✐

실수는
단호하게 끝내라

실수를 저지르고 있다는 사실을 알면서도 그 상황을 계속 끌고가는 사람이 있다. 실수를 극복하는 것이 자신의 의지력을 보여주는 것이라고 생각하기 때문이다. 이들은 속으로는 잘못을 후회하면서 겉으로는 주위 사람들에게 자신이 그 일을 할 수밖에 없는 변명을 늘어놓는다.

처음 실수를 저질렀을 때는 그저 부주의한 사람 정도로 평가받지만, 계속해서 실수를 범하면 어리석은 사람이 되고 만다. 비록 실수를 했더라도 경솔한 약속이나 잘못된 고집으로 스스로를 영원히 실수 속에 묶어두지 마라. 실수를 단호하게 끝내면 결단력 있는 사람이라는 평가를 받지만, 계속 끌고가면 영원히 어리석은 사람으로 남게 된다.

실패의 주인공이
되지 마라

백 번 성공하는 것보다 한 번도 실패하지 않는 것이 더 낫다. 대낮에 이글거리는 태양을 정면으로 쳐다보는 사람은 없다. 하지만 구름에 가려진 태양은 누구나 쉽게 쳐다본다.

천박한 사람들은 수많은 성공보다는 단 한 번의 실패에만 관심을 기울인다. 실패에 대한 소문은 시간이 지날수록 더 고약해지고, 성공에 대한 덕담보다 훨씬 빨리 퍼진다. 훌륭한 성취는 좀처럼 알려지지 않고, 실패한 일이나 잘못을 저지른 사람만이 소문의 주인공이 된다. ✒

실 패 확 률 을 줄 이 기 위 해 알 아 야 할 것 들

4장

아첨은 배척하고
비난은 끌어안아라

:

날마다 자신을
갈고닦아라

어느 누구도 태어날 때부터 완벽하지는 않다. 따라서 인격을 향상시키고 뛰어난 성과를 발휘하기 위해서 날마다 자신을 갈고닦아야 한다. 어리석은 사람이 자신이 가진 것에 만족하고 아무런 노력도 하지 않을 때, 지혜로운 사람은 고상한 취향, 순수한 지성, 확고한 의지, 성숙한 판단력을 갖추기 위해서 매일 자신을 단련한다. 그 결과 어리석은 사람은 마지막 순간까지 가장 중요한 것이 결핍된 채 살아가고, 지혜로운 사람은 오랜 시간이 걸리더라도 결국 완벽함에 도달한다.

매일 자신을 갈고닦아 완벽함에 이른 사람은 자신과 마찬가지로 지혜롭고 신중한 사람들에게 인정받고 자연스럽게 그들과 어울리게 된다. ✻

빼어난 재능도
갈고닦아야 빛난다

아무리 뛰어난 재능도 갈고닦지 않으면 무용지물에 지나지 않는다. 가꾸지 않아도 아름다운 것은 없다. 다듬지 않으면 천부적 재능도 무뎌지지만 정성껏 가꾸고 보살피면 보잘것없는 재능도 좋아지고, 뛰어난 재능은 더없이 훌륭한 것이 된다.

자연은 좀처럼 우리에게 최고의 것을 주지 않는다. 따라서 우리는 스스로 노력해서 최고의 것을 만들어내야 한다. 애써 가꾸지 않으면 사람 또한 거칠고 무례해진다. ✱

날카로운 이성을
지녀라

심오한 지성, 날카로운 판단력, 깊은 통찰력이야말로 지혜로운 사람의 특징이자 고결함의 상징이다. 물론 상상력도 뛰어난 재능이다. 하지만 그보다 중요한 것은 올바르게 생각하고, 이성적으로 판단하는 자세이다.

어두운 곳에서 더 빛나는 스라소니의 눈동자처럼 어렵고 힘든 상황일수록 이성은 더 큰 힘을 발휘한다. 이성적인 사람은 그때그때의 상황에 필요한 뛰어난 해결책을 내놓고, 이성에 기반한 해결책은 실제로 좋은 결과를 맺는다. 올바른 것을 알아보고 선택할 줄 아는 능력이야말로 인생 전체를 세련되고 풍요롭게 만든다. ✳

배울 것이 있는
사람과 사귀어라

지식이 많은 사람, 유창한 말솜씨를 가진 사람, 교양이 풍부한 사람과 친하게 지내라. 이들을 벗이나 스승으로 두면 대화의 즐거움을 만끽할 수 있을 뿐만 아니라 지식도 늘어나게 된다.

지혜로운 사람은 틈만 나면 위대한 사람들의 집을 찾아간다. 그곳은 허영의 궁전이 아니라 영웅적 면모가 어떤 것인지를 보여주는 무대이기 때문이다. 뛰어난 지식과 날카로운 판단력으로 명성이 자자한 사람들은 그 존재 자체만으로도 고귀한 덕성이 어떤 것인지를 보여준다. 따라서 이들과 벗 삼아 지내는 사람은 그 자신도 뛰어난 판단력과 큰 지혜를 얻게 된다. ✳

불운한 시기에는
한 발짝 물러서라

누구에게나 운이 따르지 않는 시기가 있다. 이 시기에는 제대로 되는 일이 하나도 없고, 상황을 바꾸어보려고 아무리 애써도 좀처럼 이루어지지 않는다.

어떤 일을 할 때, 몇 번 운을 시험해보고 운이 없다는 생각이 들면 그 일에서 손을 떼라. 어떤 일이든 적절한 시기에 해야 좋은 성과를 거둘 수 있다.

모든 일이 술술 풀리고, 적당한 해결책이 떠오르고, 대인관계도 좋아지고, 행운도 따라준다면, 이런 기회를 절대 놓치지 마라. 하지만 사사건건 문제만 생긴다면 더 많은 것을 잃기 전에 재빨리 물러서라. ✱

신과 같은
당당함을 지녀라

위대한 인물은 엄청난 정신적 능력을 갖추고 있어야 한다. 신 안에서
는 모든 것이 무한하고 광대하다. 마찬가지로 영웅이 되고자 하는 사
람은 자신의 마음속에 실로 신과 같은 당당함을 지니고 있어야 한
다. 모든 행동과 모든 말에서 찬란한 위엄이 드러나야 한다. ✳

선견지명을
가져라

불운에 빠지고 싶지 않다면 내일 일어날 일, 심지어 먼 미래에 일어날 일도 오늘 미리 생각해두어라. 앞날을 정확하게 내다보는 사람은 유사시에 필요한 대비책을 마련해둠으로써 곤경에 빠지지 않는다. 따라서 선견지명이 있는 사람은 쉽게 불운을 겪지 않는다.

베개는 말이 없는 예언자이다. 어려운 상황이 닥친 다음에 뜬눈으로 밤을 새우기보다는 일을 시작하기 전에 미리 충분히 생각하면서 잠자리에 드는 것이 현명하다. 일단 행동하고 난 다음에 생각하는 사람들은 결과를 예측할 수 없고 잘못된 일에 대한 변명거리만 찾게 된다.

우리의 삶은 생각할 일들의 연속이다. 깊이 생각한 후에 미리 준비해두면 자신의 운명을 스스로 만들어나갈 수 있다. ✽

행동이 뒷받침되지 않은 말은
허상에 불과하다

말만 앞세우는 사람과 언행이 일치된 사람을 구별하라. 당신을 값지게 여기는 친구와 당신의 자리를 값지게 여기는 친구를 구별하라.

말은 손에 잡히지 않는 바람과 같아서 결과를 만들어낼 수 없다. 그런데 허영심에 사로잡혀 있으면 바람에 불과한 헛소리를 진실로 믿게 된다. 말이 가치를 인정받으려면 반드시 행동이 뒷받침되어야 한다.

잎만 무성하고 열매를 맺지 못하는 나무는 속이 텅 비어 있다. 어떤 나무에 과일이 달리고, 어떤 나무에 잎만 무성한지 구별하라. ✳

마음의 신탁을
따르라

마음이 움직이는 대로 행동하라. 나아가 마음이 강력하게 지시하는 대로 따르라. 마음에 내키지 않는 일은 절대로 하지 마라. 우리의 마음은 가장 중요한 것을 정확하게 예측하는 절대적인 신탁이다.

많은 사람이 스스로를 믿지 못하고 불안해하기 때문에 파멸의 길을 걷는다. 이들은 불안에서 벗어날 방법을 알지 못하고, 따라서 어떤 노력도 하지 않는다. 마음의 신탁을 무시하기 때문이다.

반면 마음의 소리에 따라 행동하는 사람들은 화를 모면하고 곤경에서 벗어난다. 이들은 마치 미래를 내다보는 예언자의 능력을 가진 것과 같다. 가장 가까이에서 들리는 마음의 소리를 무시하고 불행으로 나아가는 것은 결코 지혜로운 태도가 아니다. ✻

기다릴 줄 아는 것이
최고의 지혜이다

사회생활을 하다 보면 여러 가지 어려움을 겪게 된다. 예를들어 친구나 지인들과 관계가 상당히 소원해질 때가 있다. 만일 이런 일이 벌어지더라도 안달복달하지 말고 관계가 회복될 때까지 가만히 기다려라.

지혜로운 의사는 처방을 내릴 때와 처방을 내리지 않을 때를 구분할 줄 안다. 심지어 이들은 치료를 전혀 하지 않고 병을 고치기도 한다. 인간관계에서도 마찬가지다. 때로는 손을 놓은 채 뒤로 물러서서 지켜보는 것이 다른 사람들이 일으킨 감정의 태풍을 가라앉히는 좋은 방법이 되기도 한다. 지금 당장은 고개를 숙여 양보하는 것 같지만, 결국에는 참는 자가 승리한다.

맑은 물도 조금만 휘저으면 흙탕물이 된다. 흙탕물은 손을 대면 더 혼탁해지고, 가만히 두면 저절로 맑아진다. 때로는 상황이 좋아질 때까지 기다리는 것이야말로 혼란스럽고 힘든 상황을 해결하는 최선의 방법이다. ✳

행운은 기다릴 줄 아는
자의 몫이다

기다릴 줄 알라. 시간이라는 들판 한가운데를 천천히 여유 있게 가로질러 가서 기회를 잡아라. 시간이라는 목발은 헤라클레스의 무쇠 몽둥이보다 더 큰 능력을 발휘한다. 신은 회초리가 아니라 시간으로 인간을 단련시킨다. 행운은 기다리는 법을 아는 사람에게 엄청난 보상을 해준다. ✱

문제의 본질을
파악하라

어리석은 사람은 문제의 본질은 보지 못한 채 장황하게 말을 늘어놓고, 소용없는 추론만 한다. 한마디로 숲을 보지 못하고 나무만 보는 형국이다. 이들은 한 가지 문제에만 매달린 채 자신은 물론이고 다른 사람들까지 지치게 만들면서 가장 중요한 본질은 아예 건드리지도 못한다.

이는 혼란스러운 정신 상태에서 나온 결과이다. 판단력이 흐리면 손을 대지 않고 그냥 내버려두어야 할 문제들과 씨름하느라 시간과 인내심을 낭비하게 된다. 그래서 정작 문제의 본질을 다룰 시간적 여유가 없게 되는 것이다. *

단 하나에만
의지하지 마라

삶에 필요한 것들을 두 배로 준비해두어라. 이렇게 하면 두 배 더 알찬 삶을 살 수 있다. 그보다 더 나은 것을 찾을 수 없더라도 단 하나의 자원에만 의지하지는 마라.

특히 도움을 받거나 호의 또는 존경을 얻는 데 필요한 수단은 반드시 두 가지씩 갖추고 있어야 한다. 인간의 의지는 약하고 변덕스럽기 때문에 언제나 여분을 비축해두지 않으면 기대한 것을 얻지 못할 수 있다.

조물주가 우리 몸에서 가장 중요하고 위험에 가장 많이 노출되어 있는 부위를 두 개씩 만들어준 것도 이와 같은 이유이다. ✽

항상 정신을
새롭게 하라

사람의 기질은 7년마다 바뀐다. 따라서 이러한 변화의 시기에 맞춰 자신의 식견과 취향을 더욱 발전시켜야 한다.

태어난 지 7년이 지나면 사람은 이성을 갖추게 되고, 그 후 7년마다 새로운 재능들을 하나씩 터득하게 된다. 이러한 이유로 많은 사람들이 변화의 시기에 맞춰 자신의 행동을 교정하고, 생활 환경을 바꾸고, 혹은 더 높은 지위에 오르거나 적합한 직업을 찾고자 하는 것이다.

그러나 이러한 변화는 상당 기간에 걸쳐 점진적으로 일어나기 때문에 정신이 깨어 있지 않으면 변화의 시기를 놓치고 항상 그 자리에 머물게 된다. ✳

단 하루도
소홀히 보내지 마라

운명의 여신은 걸핏하면 우리의 삶에 제멋대로 끼어들어 장난을 걸곤 한다. 운명의 여신은 우리의 경계심을 무너뜨리기 위해 호시탐탐 기회를 엿본다.

아무 문제가 없다고 생각한 날이 어이없게도 가장 위험한 날이 될 수 있다. 가장 자신만만해할 때가 가장 공격받기 쉬운 때이다. 운명의 여신은 우리가 경계심을 보이면 전혀 움직이지 않다가 전혀 예기치 않은 날을 선택해서 공격하기 때문이다. 따라서 우리는 지성, 용기, 지혜로 무장한 채 항상 이에 대비하고 있어야 한다. ✻

부탁할 때 지나치게
칭찬하는 사람을 주의하라

자신이 부탁하는 입장이면서 오히려 상대에게 호의를 베푸는 것처럼 보이게 만드는 사람들이 있다. 부탁할 때 상대방을 지나치게 치켜세움으로써, 호의를 베푸는 순서를 교묘하게 바꾸거나 혹은 누가 누구에게 신세졌는지 헷갈리게 만드는 것이다.

이들은 단지 칭찬만으로 자신이 원하는 것을 얻어내고, 아첨과 예의를 이용해서 상대에게 의무와 부담을 지운다.

이는 매우 교묘한 기술이다. 이들에게 이용당하지 않기 위해서는 부탁할 때 지나치게 칭찬하는 것에 주의해야 한다. 이들의 속셈을 간파해서 이들 스스로 마땅한 대가를 치르도록 해야 한다. ✻

불운한 사람은
가까이하지 마라

아무리 작은 불운도 무시하지 마라. 불운은 절대 혼자 오는 법이 없다. 행운이 한꺼번에 찾아오듯이 하나의 불운은 온갖 불운한 일들을 몰고 온다. 따라서 지혜로운 사람은 불운한 사람은 피하고 행운을 누리는 사람들과 어울린다.

잠들어 있는 불운의 여신을 흔들어 깨우지 마라. 처음에는 별것 아닌 것 같은 사소한 일이 결국 당신을 치명적이고 끝없는 나락으로 빠지게 할 수 있다. 행운이 시간에 따라 변하는 것처럼 불운도 얼마든지 더 심각해질 수 있다.

당신이 취할 수 있는 최선의 태도는 하늘이 내려주는 불운은 참을성 있게 이겨내고 지상에서 생기는 불운은 현명하게 피하는 것이다. 그리고 그 시작은 불운한 사람을 멀리하는 것이다. ✻

상상력을
적절하게 통제하라

상상력을 억제해야 할 때가 있는가 하면 부추겨야 할 때도 있다. 상황에 따라 상상력을 어떻게 다루느냐에 따라 성공과 행복이 달라질 수 있기 때문이다.

때때로 상상력은 폭군처럼 행동한다. 상상력은 머릿속에만 머물지 않고 우리를 직접 움직이게 해서 삶 전체에 영향을 준다. 그에 따라 우리는 기쁨과 만족, 불쾌와 불행을 경험한다.

어리석은 사람들은 상상력을 적절하게 통제하지 못하고 계속 끌려다니기 때문에 큰 슬픔과 실패를 맛본다. 반면 어떤 사람은 상상력을 통해 놀라움과 즐거움이 가득 찬 모험을 경험하기도 한다. 하지만 적절한 분별력과 상식으로 상상력을 통제하지 못하면, 결국 혹독한 대가를 치를 수밖에 없다. ✳

자신에게 불리한 말을
귀담아들어라

가장 중요한 진실은 항상 절반만 드러난다. 따라서 주의 깊게 살펴서 그 속에 숨겨진 온전한 진실을 알아내야 한다.

자신에게 유리한 말을 들었을 때에는 절대 그대로 믿지 마라. 하지만 불리한 말을 들었을 때에는 의심하지 말고 모두 믿어라. ✳

행운과 불운을
구별하라

행운을 택하려면 행운이 어떤 것인지 알아야 하고, 불운을 피하려면 불운이 어떤 것인지 알아야 한다. 우리는 행운과 불운에 대해 잘 모르기 때문에 행운을 놓치고 불운에 빠진다.

카드게임에서 가장 중요한 기술은 어떤 카드를 버릴 것인지를 아는 것이다. 지금 손에 쥐고 있는 가장 보잘것없는 카드가 가장 나중에 들어올 최고의 카드보다 더 가치 있을 수도 있다.

어떤 일을 할 때 이러한 의심이 든다면 지혜롭고 신중한 사람의 행동을 지켜보고, 그들이 하는 대로 따라 해라. 그들이 하는 대로 따라 하다 보면 행운과 불운의 차이를 구별할 수 있게 된다. ✱

운의 흐름을
읽어라

중요한 일을 시작할 때에는 운이 얼마나 자신을 돕고 있는지 알고 있어야 한다. 이는 자신의 기질과 능력, 신체적인 특징을 아는 것보다 훨씬 더 중요하다.

건강의 비법을 알아내기 위해 마흔 살에 히포크라테스의 책을 읽는 것은 어리석은 짓이다. 지혜를 얻겠다는 욕심에 마흔 살에 세네카의 책을 읽는 것은 더욱 어리석은 짓이다. 그보다는 운의 흐름을 읽고, 그에 따라 행동하는 것이 더 효과적이고 현명한 태도이다.

운이 당신을 도와주고 있다면 용감하게 앞으로 나아가라. 운은 자신감 넘치는 당당한 사람을 좋아한다. 반면 불운이 닥치면 아무런 행동도 하지 말고 뒤로 물러서서 기다려라. ✳

이기고 있을 때
그만두어라

뛰어난 노름꾼은 돈을 따고 있을 때 자리에서 일어난다. 성공적인 퇴각은 용감한 공격 못지않게 훌륭하다.

충분한 성과를 올렸다면, 혹은 엄청난 성과를 올렸다 하더라도 적당한 시기에 그만둘 줄 알아야 한다.

오래 지속되는 행운은 위험하다. 행운이 찾아온 뒤 불운이 찾아오고, 또다시 행운이 찾아올 때 비로소 안심할 수 있다.

행운이 급하게 달려오면 미끄러져 산산조각이 될 위험도 그만큼 크다. 작은 행운은 길게 지속되는 반면 엄청난 행운은 금방 사라진다. 행운은 무거운 사람을 오랫동안 업고 가야 하는 것에 금세 지치기 때문이다. ✱

시작보다
마무리가 중요하다

좋은 평판을 얻기 위해서는 일을 시작하는 방법보다 마무리 짓는 방법에 주의를 기울여야 한다. 박수갈채를 받으며 시작하는 것보다는 성공적으로 끝맺는 것이 더 중요하다.

세상에는 행운을 타고 태어났지만 비극적으로 생을 마감하는 사람들이 많다. 행운의 집에 박수갈채를 받고 들어가는 것은 중요하지 않다. 그런 일은 흔히 일어나기 때문이다. 중요한 것은 행운의 집을 나올 때 사람들이 자신을 그리워하게 만드는 것이다.

행운은 좀처럼 우리를 대문 밖까지 배웅해주지 않는다. 행운은 자기 집에 들어오는 사람은 따뜻하게 맞이하지만 떠나가는 사람에게는 무례하게 대한다. ✱

단점을 고치려면
단점을 공개하라

누구나 장점과 단점을 가지고 살아간다. 하지만 우리가 단점에 굴복하는 순간 단점은 폭군처럼 우리를 지배한다. 따라서 신중한 자세로 단점에 맞서 그것을 정복해야 한다.

단점을 정복하기 위해 가장 먼저 할 일은 자신의 단점에 관심을 기울이는 것이다. 나아가 단점을 공개해서 그 단점 때문에 자신을 비난하는 사람에게도 똑같이 관심을 기울여야 한다. 다른 사람들이 자신의 단점을 어떻게 생각하는지를 알면, 단점을 극복하기가 훨씬 더 쉬워진다. *

중요한 것은
빨리 깨달아라

중요한 것을 늦게 깨달으면 안도의 한숨을 쉬기보다 서글픔만 느끼게 된다. 더 이상 아무것도 할 수 없을 때 깨닫기 시작하는 사람들이 있다. 이들은 자신의 집이 불에 타서 재가 된 후에야 비로소 불을 끄려고 하는 사람과 같다.

의지가 없는 사람을 이해시키는 것은 어렵다. 그러나 이해하지 못하는 사람에게 의지를 심어주기는 더 어렵다. 사람들은 중요한 것을 깨닫지 못하는 사람을 도와주기보다는 그의 눈을 가린 채 술래로 세워놓고 웃음거리로 만든다. 그런데도 그는 좀처럼 남의 조언을 들으려 하지 않고, 눈을 뜨고 보려고도 하지 않는다. 또한 그 사람 주위에는 자신의 이익을 위해 이런 상태를 더 부추기는 사람도 있다.

눈먼 사람을 태운 말은 불행하다. 제대로 달릴 수 없기 때문이다. ✽

현실감각이 없으면
쉽게 조롱의 대상이 된다

세상에는 심사숙고할 일만 있는 것이 아니다. 오래 생각하기보다 빨리 행동에 옮겨야 할 일이 더 많다.

종종 학식이 매우 높은 사람도 작은 속임수에 쉽게 속아 넘어가곤 한다. 보통 사람들이 알지 못하는 지식은 많이 갖추고 있지만 일상생활의 평범한 것에 대해서는 무지하기 때문이다. 이들은 정신적이고 고상한 것들만 생각하는 까닭에 살아가는 데 필요한 지혜는 부족하다. 그래서 평범한 대중은 학식이 높은 사람을 존경하기도 하고, 때로는 무시하기도 한다.

아무리 많이 배웠더라도 다른 사람에게 속거나 조롱을 당하지 않기 위해서는 현실감각을 키우고 세상살이에 대한 지혜를 배워야 한다. 실제 생활에 필요하지 않은 지식이 무슨 소용 있겠는가. *

자신의 부족한 점에
관심을 기울여라

지혜로운 사람은 자신에게 부족한 능력이 무엇인지 안다.

세상에는 한가지 능력이 부족해서 빛을 발하지 못하는 사람들이 많다. 높은 자리에 오르는 데 필요한 수완만 있었더라면 이름을 널리 알렸을 많은 지식인들이 변방에 묻혀 있다. 진지하지 못해서 뛰어난 재능을 발휘하지 못한 사람도 있고, 높은 자리에 있지만 자신의 가족과 친구들이 간절하게 원하는 포용력이 부족한 사람도 있다. 추진력이 부족한 사람이 있는가 하면 신중함이 부족한 사람도 있다.

이 모든 결점은 스스로에게 관심을 기울이면 쉽게 찾을 수 있고 고칠 수 있는 것이다. 지혜로운 사람은 자신의 부족한 점에 주의를 기울여서 오히려 그것을 장점으로 승화시킨다. ✳

영리한 사람보다
분별 있는 사람이 되어라

지나치게 영리한 사람이 되기보다는 분별 있는 사람이 되어라. 약삭
빠르게 행동하는 사람은 교활해지기 쉽고, 이로 인해 오히려 자신이
더 큰 손해를 입게 된다.

지성을 갖추는 것은 좋으나 지나치게 많이 알아서 매사 다른 사람을
피곤하게 만드는 것은 위험하다. 지나친 비판은 분쟁을 일으키고, 오
히려 어리석은 사람이라는 평판으로 이어지기 때문이다. 현명한 사
람은 당면한 문제에서 벗어나지 않으면서도 언제나 분별 있는 태도
를 유지한다. ✱

지혜로운
인생 설계의 기술

아름답고 풍요로운 삶을 위해서, 인생 1막에는 죽은 사람들과의 대화를 즐겨라. 고전에 힘입어 우리는 더 깊이 있고 참다운 인간이 된다.

인생 2막에는 살아 있는 사람들과 어울리면서 세상의 좋은 것을 즐겨라. 모든 것을 다 가진 사람은 없다. 조물주는 우리 모두에게 천부의 재능을 골고루 나누어주었고, 때로는 가장 탁월한 재능을 가장 평범한 사람에게 주었다. 그들에게서 다양한 지식을 얻어라.

인생 3막에는 오로지 자기 자신만을 위해서 보내라. 마지막 순간에 행복한 철학자가 되는 것만큼 좋은 마무리는 없다. ✻

단판 승부에
모든 것을 걸지 마라

단판 승부에 모든 것을 걸지 마라. 단판 승부에서 패하면, 그 피해를 복구할 방법이 없다.

현명한 사람은 부족한 점을 점차 보완해가면서 결국 완벽에 도달한다. 누구나 처음에는 실수를 저지르게 마련이다. 하지만 힘든 일을 겪은 다음에는 반드시 기쁜 일이 찾아온다. 한 번 실패했더라도 다시 시도하라. 설령 첫 번째 시도에서 성공했더라도, 두 번째 시도에서는 첫 번째에서 부족했던 부분을 보완하게 된다. 어떤 일에나 개선의 여지가 있게 마련이다. ✳

최고의 결과를 바라되
최악의 상황을 예상하라

자신의 능력을 철저하게 객관적인 잣대로 평가하라. 이 말은 특히 사회생활을 처음 시작하는 사람들이 가슴 깊이 새겨야 한다. 우리는 누구나 자신에게 관대하고 스스로를 높이 평가하는데, 보통 잘난 구석이 별로 없는 사람일수록 더욱더 그렇게 생각한다.

행운을 꿈꾸지 않는 사람은 없고, 자신을 천재라고 생각하지 않는 사람은 없다. 하지만 자신에 대해 제대로 알지도 못하면서 거창한 희망을 가진 사람은 실제로 성취하지 못할 결과를 바라기 때문에 결국 실패하고 만다.

지혜로운 사람은 언제나 가장 좋은 결과를 바라지만, 동시에 최악의 상황을 예상함으로써 어떤 결과가 나오든 담담하게 받아들인다. ✽

어리석음을 인정하는
지혜

이 세상에 어리석지 않은 사람은 아무도 없다. 아무리 지혜로운 사람도 신의 눈에는 한없이 어리석은 존재일 뿐이다. 그러나 가장 어리석은 사람은, 자신은 어리석지 않고 자신을 제외한 모든 사람은 어리석다고 생각하는 사람이다.

지혜로운 사람이 되기 위해서는 다른 사람들의 눈에 지혜롭게 보이는 것만으로는 충분하지 않다. 스스로를 지혜롭다고 생각하는 것은 오히려 지혜와 멀어지게 만든다.

인간은 자신이 어리석다는 사실을 인정할 때 비로소 진정한 지혜에 아주 조금 가까이 다가가게 된다. ✱

쉬운 일은 신중하게,
어려운 일은 과감하게

지혜로운 사람은 쉬운 일을 할 때는 어려운 일을 하듯이, 어려운 일을 할 때는 쉬운 일을 하듯이 처리한다.

쉬운 일을 할 때는 자신감이 지나쳐 일을 소홀히 하기 쉽고 버거운 일을 할 때는 뜻대로 되지 않아 실망하기 쉽다. 따라서 쉬운 일은 신중하게, 어려운 일은 과감하게 처리해야 한다.

불가능해 보일 정도로 어려운 일이라면, 이미 그 일을 끝냈다고 생각하는 것도 좋은 방법이다. 어렵다는 생각이나 할 수 없다는 두려운 마음에 매달리지 않고 과감하고 초연하게 해나가다 보면, 어느 순간 실제로 그 일을 무사히 끝마친 순간이 오게 된다. ✳

실수의
함정

우리는 흔히 하나의 잘못을 덮으려다가 계속해서 잘못을 저지르는
악순환에 빠지곤 한다. 하나의 거짓말이 다른 거짓말로 이어지고, 결
국 걷잡을 수 없는 상황에 빠지게 되는 원리와 같다.

자신의 잘못이나 실수를 변명하는 것은 옳지 않지만 그것을 감추는
것은 더욱 나쁘다. 이런 경우 가장 골치 아픈 것은, 잘못을 감추려고
할수록 연속해서 더 많은 잘못을 범하기 쉽다는 것이다.

아무리 지혜로운 사람도 한 번의 실수는 할 수 있다. 그러나 두 번의
실수를 저질러서는 안 된다. ✱

보이는 것과
보이지 않는 것

많은 사람이 실제 내용이 아닌 겉모양을 보고 사물을 판단한다. 속을 자세히 살피는 사람은 극소수에 불과하다.

당신의 행동이 아무리 옳다고 해도, 다른 사람의 눈에 어리석고 잘못된 행동으로 보인다면 그 행동은 어리석은 행동일 수밖에 없다. ✽

행복할 때
많은 친구를 사귀어라

여름철에 겨울 살림을 준비하는 것은 손쉬울 뿐만 아니라 지혜로운 태도이다.

행복할 때에는 쉽게 호의를 얻고 친구들도 넘쳐난다. 그런데 어리석은 사람은 행복할 때 친구를 사귀지 않는다. 행복에 눈이 멀어 친구들을 보지 못한다. 따라서 자신이 불행에 처하면 그 친구들도 그를 모르는 척하고, 아무도 그를 돕지 않는다.

불행에 대비해서 많은 친구들을 사귀고, 그들과 계속해서 돈독한 우정을 유지하라. 지금은 사소해 보이는 것들이 값지게 여겨질 날이 올 것이다. ✳

겉모습에
속지 마라

거짓말은 천박한 바보들의 입을 통해서 가장 빨리 퍼지고, 진실은
항상 오랜 시간이 걸려 가장 늦게 도달한다.

인간의 어머니인 자연은 우리 모두에게 귀를 두 개씩 주었다. 그래서
지혜로운 사람은 한쪽 귀를 언제나 진실을 향해 열어두고 있다.

속임수는 겉모습이 번지르르하기 때문에 겉모습만 보고 판단하는
사람은 속임수에 쉽게 넘어간다. 하지만 진실은 지혜롭고 분별력이
뛰어난 사람만 찾아낼 수 있는 외딴곳에 숨어 있다. ✻

지혜의 절반은
인내에 있다

철학자 에픽테토스는 "인생의 가장 중요한 법칙은 참을 줄 아는 것
이고, 지혜의 절반은 인내에 있다"라고 했다.

우리는 가장 가까운 사람들에 대해서는 종종 상당한 인내심을 발휘
한다. 이는 자제력을 기르는 데 좋은 훈련이 된다. 평소 이 훈련을 자
주 해두어야 한다.

자제력을 가지면 세상에서 가장 값진 기쁨인 마음의 평화를 누리게
된다. 반대로 다른 사람에 대해 인내심을 발휘하지 못하는 사람은
자신만의 세계에서 자기 자신을 참아내야 한다. ✳

자신의 운명을
지시해주는 별을 따라가라

자신의 운명을 지시해주는 별을 따라가라. 운명의 별의 도움을 받지 않는 사람은 아무도 없다.

어떤 사람이 불운하다면 그가 자신의 운명의 별을 모르고 있기 때문이다. 세상에는 의지와 노력만으로 이룰 수 없는 일도 있다.

어떤 나라에서는 상당히 인정받지만 다른 나라에서는 별로 인정받지 못하는 사람이 있는가 하면, 어떤 분야에서는 뛰어나지만 다른 분야에서는 무능한 사람도 있다. 심지어 같은 능력을 갖고 있는데도 행운이 크게 따르는 사람이 있는가 하면 그렇지 못한 사람도 있다.

행운은 자신이 원하는 방식으로 운명의 카드를 뒤섞는다. 실패와 성공의 일정 부분은 운명에 달려 있다. 따라서 성공하고 싶다면 자신의 운명을 지시해주는 별을 알아보고, 그것을 따라가야 한다. ✻

조언을 구하고
부족함을 채워라

많은 사람들이 자신이 무지하다는 사실을 알지 못한다. 또한 무지한 사람일수록 자신이 남보다 뛰어나다는 착각 속에서 산다.

자신이 무지하다는 사실을 모르는 사람에게는 어떤 방법으로도 그것을 일깨워줄 수 없다. 무지한 사람은 자기에게 부족한 것을 찾으려고 하지 않기 때문이다.

지혜가 뛰어난 사람은 극히 드물다. 하지만 이들도 대부분 하릴없이 지내고 있다. 어느 누구도 이들에게 지혜를 가르쳐달라고 하지 않기 때문이다.

다른 사람에게 조언을 구한다고 해서 자신의 뛰어남이 가려지는 것도 아니고, 능력을 의심받지도 않는다. 오히려 조언을 구함으로써 자신에게 없는 더 큰 것을 얻을 수 있다. 따라서 우리는 언제나 자신보다 조금이라도 더 지혜로운 사람을 찾아서 조언을 구하고 부족함을 채워가야 한다. ✱

신중한 태도로
실패 확률을 줄여라

어리석은 사람은 자신의 즉흥적인 기분을 행동에 옮기기 때문에 사전에 위험을 파악하지 못하고 사소한 실수로 명성에 치명적인 타격을 입는다. 반면 신중한 사람들은 조심스러운 태도와 통찰력에 힘입어 위험한 요소를 모두 없앤 다음에 안전하게 행동한다.

신중하게 생각해보면 성급한 행동은 결국 실패를 가져올 수밖에 없다는 사실을 알게 된다.

물이 깊어 위험하다는 생각이 들 때에는 천천히 조심스럽게 나아가라. 나갈 방향을 정확하게 헤아리고, 신중하게 안전한 곳을 찾아 발을 디뎌라. ✳

무소유의
즐거움

모든 것을 소유하려고 하지 마라. 다른 사람이 소유한 것을 함께 즐길 줄 아는 지혜만 있으면 직접 소유할 때보다 더 큰 만족감을 얻을 수 있다. 다른 사람의 것은 잃어버릴까 봐 걱정할 필요가 없고, 항상 새로운 느낌으로 즐길 수 있기 때문이다.

모든 것은 갖지 못할 때 더 간절한 마음이 생긴다. 심지어 같은 물이라도 다른 사람의 우물물은 꿀맛처럼 달다.

소유하면 즐기기 어렵고, 오히려 근심만 많아진다. 진정으로 지혜로운 사람은 소유하지 않음으로써 소유한 것보다 더 큰 즐거움을 누린다. *

스스로
중심을 지켜라

여러 가지 말 중에서 가장 마지막에 들은 말만 믿는 사람들이 있다.
이들은 스스로 판단하는 능력이 없기 때문에 어떤 사람이 그럴듯하
게 말하면, 그 전에 들었던 말은 기억 속에서 모두 지워버린다.

이들은 쉽게 받아들이는 만큼 쉽게 버리기 때문에 신뢰하기 어렵고,
평생 자라지 않는 어린아이와 같다. 이들은 자신만의 기준이 없고
감정 또한 변덕스럽기 때문에 평생 갈팡질팡하면서 살아간다. 이러
한 어리석음에 빠지지 않으려면 스스로 중심을 지키는 자세가 필요
하다. ✽

아첨은 배척하고
비난은 끌어안아라

한 번도 당신의 의견을 반박하지 않는 사람을 대단하게 생각하지 마라. 그가 한 번도 당신을 반박하지 않는 것은 당신을 위해서가 아니라, 자신만을 위하기 때문이다. 이들의 달콤한 아첨에 속아 스스로를 불행으로 내몰지 마라.

비판받는 것, 특히 지혜로운 사람들의 비판은 오히려 영예로 여겨라. 아무도 당신의 의견이나 생각을 비판하지 않을 때에는 심각하게 고민하라. 이는 당신의 생각이나 견해가 아무런 가치가 없다는 증거이기 때문이다. ✻

행운과
명성

행운은 쉽게 얻을 수 있지만 순식간에 없어질 수도 있다. 반면 명성은 얻기는 어렵지만 한 번 얻으면 쉽게 사라지지 않는다.

행운은 살아가는 동안에만 지속되지만 명성은 죽어서도 계속된다. 따라서 예전이나 지금이나 지혜로운 사람은 행운이 아니라 명성을 갈망한다. ✱

마음의 소리에
따르라

살아가다 보면 신의 도움은 조금도 기대하지 말고, 자신이 할 수 있는 수단과 방법만 사용해야 할 때가 있다. 반대로 자신이 할 수 있는 일은 아무것도 없다는 듯이 그저 신의 섭리에 따라야 할 때가 있다. 이 둘의 차이를 아는 것이야말로 우리가 본능적으로 갖추어야 할 가장 중요한 재능이다. *

실질적인 지식으로
무장하라

지혜로운 사람은 현재의 상황과 세상에 대한 실질적인 지식으로 무장하고 있다. 이들은 적절한 말과 행동으로 주위 사람들을 즐겁게 해주고 자신의 삶을 풍요롭게 영위한다.

때로는 근엄한 가르침보다 재치 있는 말 한마디가 더 많은 것을 일깨워주고, 대학에서 배운 것보다 일상적인 대화에서 얻은 지식이 살아가는 데 많은 도움이 된다. *

쓸데없는 일에
에너지를 쏟지 마라

사소한 부탁이나 요구를 적절하게 거절하는 것은 인생에서 꼭 필요한 기술이다. 일과 인간관계에서 손을 떼야 할 시기를 아는 것도 마찬가지이다.

살다 보면 불필요한 일에 귀중한 시간과 에너지를 낭비할 때가 많다. 이렇게 쓸모없는 일에 몰두하는 것보다는 오히려 아무 일도 하지 않는 것이 더 낫다. 진짜 중요한 일이 나타났을 때 즉시 달려들 수 있기 때문이다.

지혜로운 사람은 다른 사람들의 일에 간섭하지 않을 뿐만 아니라, 다른 사람이 자신의 일에 함부로 간섭하지 못하도록 한다. 쓸데없는 일에 에너지를 쏟지 않고 적당한 시기에 손을 떼는 것이야말로 지혜로운 사람들의 가장 큰 특징이다. ✳

5장

결점을 매력으로
승화시켜라

:
:

성공의
조건

인격과 지식은 인간의 능력을 떠받쳐주는 두 가지 버팀목이다. 아무리 영리한 사람도 인격이 성숙하지 못하면 인정받지 못하고, 인격이 뛰어나도 지식이 부족하면 두각을 나타내지 못한다.

하나의 버팀목만 가지고는 절반의 성공조차 거둘 수 없다. 인격과 지식을 겸비한 사람만이 성공이라는 문을 통과할 수 있다. 어리석은 사람은 이러한 이치를 알지 못할 뿐만 아니라, 인격과 지식을 얻기 위해 어떠한 노력도 하지 않기 때문에 결국 실패하고 만다. ❖

언제나
최선의 결정을 내려라

공격당하고 있는 아군을 적절한 타이밍에 구해내는 일은 강력한 공격보다 더 값지고 귀하다. 현명한 사람은 아무리 어려운 상황에서도 항상 안전한 방향으로 일을 이끌어간다. ❖

재능과 강점에
집중하라

자신의 가장 뛰어난 소질과 재능을 알아내 최선을 다해 갈고닦아라. 자신의 소질을 정확히 알고 있는 사람은 자신의 분야에서 최고가 될 수 있다.

판단력이 뛰어난 사람이 있는가 하면, 용기가 남다른 사람도 있다. 순발력이 좋은 사람도 있고, 체력이 강한 사람도 있다. 지능이 우수한 사람도 있고, 감성이 풍부한 사람도 있다.

그런데 대부분의 사람은 자신의 타고난 적성을 모른 채 뚝심만으로 밀고 나가다가 결국 어느 분야에서도 평범한 사람이 되고 만다. 재능이 없는 일에 열정만 가지고 매달리다가 오랜 시간이 지난 후에 다른 적성을 찾는 것이야말로 가장 안타까운 일이다. ✤

상대에게 비판의 기회를
주지 마라

어떤 일이든 완성되기 전에는 다른 사람들이 알지 못하게 하라. 사람들이 당신의 성공을 모르고 있다가 갑자기 알게 될 때, 그 가치가 한층 더 커지는 법이다. 반면 미리 자신에 대해 지나치게 떠벌리고 다니면 사람들은 당신을 고깝게 바라보고, 도움을 주지 않을 뿐만 아니라 입이 가벼운 사람이라고 조롱할 것이다.

자신의 속내를 좀처럼 드러내지 않고 신비스러운 태도를 유지하라. 그러면 사람들은 자연스럽게 당신에게 끌리고, 기대를 갖게 된다. 자신을 불가피하게 드러내야 할 때도 전부를 드러내지는 말고 상대에 따라 말과 행동을 아껴라. 신중한 태도만큼 안전한 것은 없다.

자신의 속내를 모조리 드러내는 것은 상대에게 비판의 기회를 주면서 자신은 무방비 상태가 되는 것과 같다. 계획을 미리 공개하면 결과가 나오기 전부터 과도한 부담을 느끼게 되고, 결과가 좋지 않을 경우 마땅히 받아야 할 비난보다 더 큰 비난을 받게 된다. ✤

성실과 노력이야말로
성공의 지름길이다

능력이 뛰어난 사람이 꾸준히 노력하면 위대한 인물이 된다. 능력은 평범하지만 부지런히 노력한 사람은 재능이 뛰어나지만 노력하지 않은 사람보다 더 큰 명성을 얻는다. 성공하기 위해서는 반드시 노력이라는 대가를 치러야 하고, 노력이 부족하면 성공할 확률도 그만큼 줄어든다.

한편, 큰 꿈과 목표를 좇느라 단순한 일에는 노력하지 않는 사람도 있다. 포부가 큰 것은 바람직하다. 하지만 낮은 지위에서 보잘것없이 지내는 것에 만족한 채 노력하지 않는 것은 변명의 여지가 없다. 사람은 누구나 자신의 타고난 재능을 애써 갈고닦고, 더 잘하려고 노력할 때 비로소 높은 지위에서 최고의 능력을 발휘하게 된다. ❖

기회가 왔을 때
확실하게 잡아라

새로운 것은 사람들의 눈길을 끌어당긴다. 사람들은 새로운 사람에게 관대하고, 뛰어나지만 익숙한 것보다 평범하지만 새로운 것을 높이 평가한다. 새로운 것은 사람들의 감각을 자극해서 권태로움을 해소시켜주기 때문이다.

하지만 새로운 것이 누리는 영광은 짧다. 단 며칠, 몇 주만 지나도 사람들의 관심과 관대함은 사라진다. 따라서 그것이 사라지기 전에 적절하게 기회를 활용할 줄 알아야 한다.

새로움이 익숙함으로 바뀌고 놀라움이 싫증으로 변하면 신기한 것에 대한 환호는 사라지고 새로운 인물에 대한 박수갈채도 사라진다. 모든 것에는 때가 있게 마련이고, 그 때를 놓치면 기회는 사라진다. ✤

변화무쌍하게
일을 처리하라

일직선으로 날아가는 새를 죽이기는 식은 죽 먹기처럼 쉽다. 하지만 이리저리 방향을 바꾸면서 날아가는 새는 여간해서 잡지 못한다.

다른 사람이 쉽게 예측할 수 없도록 변화무쌍하게 일을 처리하라. 하지만 매번 기교만으로 다른 사람을 속이려고 하지는 마라. 같은 방법에 계속 속는 멍청한 사람은 많지 않다.

한 번 속은 사람은 당신의 약점을 잡기 위해 호시탐탐 기회를 엿본다. 따라서 더 교묘한 방법을 써서 상대방을 속이지 못하면 오히려 당신이 당하게 된다. 체스의 고수는 절대 상대방의 예측대로 말을 움직이지 않는다. ✤

지나친 기대감은
발목을 잡는 짐이 된다

어떤 일을 시작할 때 다른 사람들의 기대를 지나치게 자극하지 마라. 머릿속으로는 손쉽게 성공할 수 있을 것 같아도 막상 일을 진행하다 보면 예기치 못한 상황에 부딪힐 때가 있다.

현실과 상상의 세계는 엄연히 다르다. 상상의 나래를 펼치기는 쉬워도 그것을 실현하기는 어렵고, 상상에 욕망이 더해져 지나친 기대를 갖게 되면 실망도 그만큼 더 커지는 법이다.

우리는 종종 스스로의 지나친 기대에 기만당하고 실망한다. 희망만큼 현실을 왜곡시키는 것도 없다. 따라서 안전하게 성공에 이르기 위해서는 냉철한 이성으로 희망을 다스려야 한다.

어떤 일을 시작할 때 지나친 기대가 아니라 적당한 호기심을 끌어내는 것이야말로 멋진 일이다. 또한 사람들의 기대를 넘어서는 성과를 실현하면 그 기쁨과 영광은 두 배가 된다. ⚜

성과는 드러내되
노력은 숨겨라

지혜로운 사람은 자신이 한 일의 결과가 타고난 재능 때문인 것처럼 보이도록 그 속에 담긴 노력을 숨긴다. 사람들은 인위적인 것보다 타고난 것을 더 높이 평가한다. 그래서 공연히 잘난 척하는 사람을 보면, 그가 재능이 없기 때문에 일부러 더 과장해서 자신을 드러내는 것이라고 생각한다.

지혜로운 사람은 재능을 갈고닦기 위해 노력하는 만큼 그것을 감추기 위해서도 노력해야 한다. 그러나 지나치게 겸손한 척하다가 오히려 더 잘난 척하는 꼴이 되지는 않아야 한다. 정작 자신은 무심한데 다른 사람들이 그의 재능을 우러러볼 때 비로소 능력과 인품을 겸비한 사람이라는 평가를 얻을 수 있다. ❖

필요한 것보다
더 큰 능력을 키워라

당신의 지위에서 필요한 능력보다 더 큰 능력을 키워라. 그 반대의 경우는 위험하다. 당신의 지위가 아무리 높더라도 그보다 더 뛰어난 능력과 인격을 갖추고 있다는 사실을 보여주어야 한다.

대범한 사람은 지위가 높아질수록 다방면에 걸친 능력을 발휘하고, 더 큰 영향력을 행사한다. 반면 능력과 배짱이 부족한 사람은 지위에 대한 부담 때문에 쉽게 좌절하고, 결국 자신에게 맡겨진 일조차 감당하지 못하고 물러난다.

로마의 황제 아우구스투스는 황제의 자리에 만족하지 않고 위대한 인물이 되기를 원했다. 그는 고결한 정신과 그것을 뒷받침해주는 탁월한 능력, 강한 자신감을 겸비함으로써 역사상 가장 위대한 인물이 되었다. ❧

변화에 유연하게
대처하라

모든 일은 상황과 여건에 따라 결과가 달라진다. 따라서 행동할 수 있을 때 행동하라. 세월과 기회는 어느 누구도 기다려주지 않는다.

인간으로서 갖추어야 할 미덕과 관련된 규칙 이외에는 어떤 규칙에도 얽매여 살지 마라. 오늘 당신이 먹지 않겠다고 한 물을 내일은 마시지 않으면 안 될지도 모른다.

분별없고 어리석은 사람은 자신의 변덕이나 필요에 따라 여건이나 상황이 변해야 하고, 그 반대의 경우는 있을 수 없다고 생각한다. 반면 지혜로운 사람은 상황과 환경에 따라 스스로 유연하게 대처함으로써 기회가 왔을 때 절대로 놓치지 않는다. ❧

단점을 감추는 것도
능력이다

어리석은 사람은 어리석은 짓을 하기 때문에 어리석은 것이 아니라, 어리석은 짓을 하고도 그것을 감추는 법을 모르기 때문에 어리석은 것이다.

잘못을 저지르지 않는 사람은 없다. 다만 지혜로운 사람은 자신의 잘못을 감추려고 하는 반면 어리석은 사람은 모든 사람이 알도록 큰 소리로 떠벌린다.

세상에는 뛰어난 공적을 쌓아서 좋은 평판을 얻는 사람보다 잘못이나 실수를 숨기는 능력이 뛰어나서 좋은 평판을 얻는 사람이 더 많다.

높은 자리에 있는 사람은 평범한 사람보다 더 쉽게 눈에 띈다. 따라서 이들은 가장 친한 친구에게도 자신의 잘못을 드러내지 말아야 한다. 가능하다면 자신에게도 자신의 잘못을 드러내지 말아야 한다. 더 나아가 자신의 잘못을 아예 잊어버리면 금상첨화이다. ✤

대중과
거리를 유지하라

높은 자리에 있는 사람일수록 자주 눈앞에 보이면 명성이 퇴색하는 반면, 가끔씩 나타나면 존재감이 더 커진다. 보이지 않을 때는 사자처럼 느껴지던 사람도 눈앞에 있으면 생쥐처럼 보일 수 있다.

사람들은 영혼에 숨어 있는 것은 보지 못하고 겉으로 드러난 것만 보기 때문에 좋은 것일수록 너무 많이 보여주면 그 가치가 떨어진다. 눈에 보이는 것은 머릿속으로 상상하는 것에 미치지 못하고, 업적은 입에서 입으로 전해지면서 점점 더 부풀려지기 때문이다.

착각은 귀를 통해 들어와서 눈을 통해 나간다. 따라서 높은 자리에 있는 사람들은 신비로움을 간직한 채 자신을 드러내지 않음으로써 자신의 가치를 높이고 명성을 유지한다. ♣

재능을
적절하게 과시하라

신은 세상을 창조하고, 그것을 돋보이게 하기 위해 빛을 부여했다. 또한 신은 모든 인간에게 재능을 주었고, 그것을 과시할 수 있도록 용기와 지혜를 함께 주었다.

재능을 드러내기 위해서는 몇 가지 기술이 필요하다. 먼저, 가장 적절한 시기를 포착해야 한다. 기회는 여러 번 오지 않기 때문에 잘못하다가는 기회를 놓쳐서 자신의 재능을 제대로 보여주지 못하게 된다. 그렇다고 하찮은 재능을 그럴듯하게 꾸며서 과시해서도 안 된다. 사람들은 허영심 강한 사람을 경멸하기 때문이다.

때에 따라서는 무언의 웅변, 즉 탁월한 능력을 아무렇지도 않은 듯이 드러내는 것이 훌륭한 과시가 되기도 한다. 한꺼번에 뛰어난 재능을 드러내지 않고, 조금씩 드러내는 방법도 효과적이다. ❖

자신을 초라하게 만드는
사람과는 어울리지 마라

달은 무수한 별들 가운데서 홀로 찬란히 빛난다. 하지만 태양이 떠
오른 다음에는 희미하게 보이거나 아예 보이지 않는다.

당신의 재능을 가리는 사람 곁에는 절대로 가지 마라. 당신을 한층
빛나게 해줄 사람만 사귀어라.

로마의 시인 마르시알리스의 작품에 나오는 교활한 여인 파불라는
이러한 방법으로 자신의 빛나는 아름다움을 뽐낼 수 있었다. 그녀는
못생기고 초라한 하녀들을 항상 주위에 거느리고 다니면서 자신을
돋보이게 한 것이다.

하지만 당신이 탁월한 능력이나 재능을 갖고 있지 않다면 별 볼 일
없는 사람들과 어울리는 것을 주의하라. 그들과 함께 당신의 평판도
바닥으로 떨어질 수 있기 때문이다.

성공을 향해서 매진하는 동안에는 능력이 뛰어난 사람들과 어울리
되, 일단 성공하고 나면 당신을 빛내줄 사람들만 곁에 두어라. ❧

일의 우선순위를
파악하라

성공하는 사람은 실패하는 사람이 가장 나중에 하는 일을 가장 먼저 한다. 둘 다 똑같은 일을 하지만, 일을 하는 순서는 다르다. 또한 성공하는 사람은 일의 순서를 중요하게 생각하는 반면, 실패하는 사람은 일단 시작부터 하고 본다.

계획 없이 시작한 사람은 끝까지 뒤죽박죽인 채 일을 한다. 이런 사람은 오른쪽에 놓아야 할 것을 왼쪽에 놓고, 왼쪽에 놓아야 할 것을 오른쪽에 놓는다. 그가 제대로 일하게 만드는 유일한 방법은, 누군가가 그가 할 일의 순서를 정해주는 것이다. 반면 지혜로운 사람은 자신이 해야 할 일을 즉시 알아보고 자진해서 그 일을 한다. ❖

잘 모를 때는
안전한 길을 선택하라

어떤 일을 할 때 그것에 대해서 아는 게 없으면 확실한 것만 선택하라. 그러면 독창적이라는 존경은 못 받더라도 신뢰할 만한 사람이라는 평가는 들을 것이다.

그 분야에 정통한 사람이라면 새로운 것을 시도함으로써 위험을 오히려 기회로 만들 수 있다. 하지만 잘 알지도 못하면서 위험을 무릅쓰다 보면 파멸을 자초하게 된다.

처음 일을 시작할 때에는 안전한 길을 선택하는 것이 현명하다. 수많은 시행착오를 통해 확실하다고 검증된 길을 선택하면 실패할 확률이 줄어든다. 자신만의 방식을 터득하지 못한 사람에게는 지름길이나 오솔길보다는 안전한 대로가 적합하다. ⚜

선함과 무능함을
구분하라

부당한 상황에서도 화를 낼 줄 모르면 무능한 사람이 되고 만다. 이들이 화를 내지 않는 이유는 선하기 때문이 아니라 어리석기 때문이다. 새들도 허수아비가 움직이지 못한다는 사실을 알게 되면 그를 조롱하고 곡식을 쪼아 먹는다. 인간관계에서도 마찬가지다.

지혜로운 사람은 모든 관계에서 쓴맛과 단맛을 잘 배합한다. 단맛만 있으면 어린아이나 어리석은 사람들의 군것질감밖에 되지 않는다. ❧

위기를 기회로
만들어라

익사할지도 모른다는 두려움 때문에 수영을 배우는 것처럼, 난관을 극복해야 할 때 사람들은 진정한 능력을 발휘한다. 일을 할 때도 마찬가지다. 많은 사람들이 위기의 순간에 숨어 있던 용기, 지혜, 지식 등을 발견한다.

위기는 오히려 자신을 알릴 수 있는 기회가 된다. 명예를 중요하게 생각하는 사람은 자신의 명예가 실추될 상황에서는 수천 명 이상이 할 일을 혼자서 해내기도 한다. ❧

가장 중요한 일을
가장 먼저 하라

대부분의 사람들은 쉽고 편한 일을 먼저 하고, 힘들고 귀찮은 일을
맨 나중으로 미룬다. 하지만 지혜로운 사람은 가장 중요한 일을 가장
먼저 하고, 나머지 시간에 부수적인 일을 한다.

어리석은 사람은 싸움을 하기 전에 승리부터 거머쥐려고 하고, 사소
하고 하찮은 것들은 서둘러 배우면서 명성과 이익을 가져다주는 학
문 연구는 죽을 때까지 미룬다. 또한 운이 없는 사람은 평생 궁핍하
게 보내다가 세상을 떠나기 직전에 부지런히 재산을 모으기 시작한
다. 이들의 공통점은 일의 우선순위를 알지 못한다는 것이다.

학문에서나 인생에서나 성공하기 위해서는 일의 순서를 아는 것이
가장 중요하다. ❖

때로는 뱀처럼,
때로는 비둘기처럼 행동하라

세상에는 상대의 속임수에 쉽게 속아 넘어가는 사람들이 있다. 천성이 정직한 사람은 남을 쉽게 믿고, 남을 속여보지 않은 사람은 상대에게 쉽게 신뢰를 표현한다. 이들은 뻔한 거짓말도 진실로 받아들인다. 한편 어리석지는 않지만 심성이 너무 착해서 속아주는 척하는 사람도 있다.

반면 웬만한 거짓말에는 절대 속지 않는 사람들도 있다. 이들은 경험이 많은 사람과 교활한 사람이다. 전자는 스스로 여러 번 속아서 비싼 대가를 치른 후에 속지 않는 법을 배우고, 후자는 다른 사람을 대신 희생시켜서 속지 않는 법을 배운다.

현명한 사람은 이러한 처세술을 적절히 구사할 줄 안다. 품위를 유지하면서 사악한 속임수에 넘어가지 않기 위해서는 때로는 뱀처럼 교활하게, 때로는 비둘기처럼 정직하게 행동할 줄 알아야 한다. ⚜

행운의
법칙

행운은 나름대로의 법칙을 가지고 있다. 따라서 현명한 사람은 모든 것을 운에만 맡기지 않는다. 최선의 노력을 다하면 행운도 자신의 것으로 만들 수 있기 때문이다.

대부분의 사람들은 행운의 여신이 사는 집 앞에서 언젠가는 문이 열릴 것이라고 생각하고 가만히 기다린다. 하지만 소수의 지혜로운 사람은 자신감과 확신을 갖고 용감하게 문을 열고 들어간다.

후자는 용기, 지혜, 배짱에 힘입어 행운을 누리고, 전자는 지나치게 신중한 태도 때문에 끝까지 행운을 만나지 못한다. ⚘

결점을 매력으로
승화시켜라

도덕적 혹은 인격적 결점이 없는 사람은 극소수에 불과하다. 그런데 우리는 자신의 결점에 지나치게 집착함으로써 결점을 극복하지 못하고, 오히려 그것에 발목을 잡히고 만다.

또한 많은 사람이 내 눈에 있는 들보는 보지 못하고 다른 사람의 눈에 있는 티끌만 보려 한다. 이들은 상대가 가진 여러 가지 장점은 무시하고 사소한 결점만을 끄집어내 비난한다.

구름 한 점이 태양을 가릴 수 있는 것처럼 우리의 명성에도 그것을 해치는 사소한 결점들이 묻어 있기 마련이다. 악한 마음을 가진 사람들은 그것을 재빨리 찾아 끊임없이 헐뜯는다.

따라서 결점을 매력으로 바꾸는 것이야말로 성공에 이르는 최고의 지혜이다. 로마의 줄리어스 시저는 월계관을 씀으로써 자신의 대머리를 부끄러움의 상징이 아니라 영광의 징표로 만들었다. ❖

타고난 리더십은
가장 강력한 통치력이다

타고난 리더십은 소수의 뛰어난 사람들이 발휘하는 신비스런 힘이다. 이러한 리더십은 요령을 부리는 술책이 아니라 사람들을 올바른 방향으로 이끌어가려는 천성에서 비롯된다. 대부분의 사람은 부지불식간에 이러한 리더십에 복종한다.

타고난 리더십을 가진 사람은 군주와 같은 자질을 가지고 있다. 이들의 능력은 군주들에 버금가며 야수의 왕인 사자에 비견된다. 이들은 경외심을 불러일으킬 뿐만 아니라 사람들의 마음과 정신까지도 지배한다. 장황하게 열변을 토하는 사람들보다 이들의 몸짓과 표정 하나가 더 큰 영향력을 발휘한다. ✤

뛰어난 성과를 남긴 사람의
후임자가 되지 마라

후임자는 전임자 이상의 뛰어난 능력을 발휘해야 한다. 전임자와 능력 면에서 대등하다는 평가를 얻고자 한다면 적어도 전임자보다 두 배의 성과를 올려야만 한다. 전임자는 먼저 그 자리에 있었다는 이유로 더 관대한 평가를 받는다. 지나간 일은 언제나 좋게 기억되기 때문이다.

당신이 누군가의 후임자가 되어야 한다면 앞사람을 능가할 만큼 충분한 능력과 전략을 갖춘 뒤에 그 일에 뛰어드는 것이 현명하다. ❧

가장 뛰어난 사람을
목표로 삼아라

영웅적인 인물을 목표로 삼아라. 그리고 그를 모방하기보다 차라리 그와 경쟁하라. 우리 주위에는 살아 있는 '명성의 교과서'인 위대한 인물들이 많이 있다. 그들을 추종하기보다 뛰어넘기 위해 노력하라. 알렉산더 대왕은 아킬레스를 추모하기 위해서가 아니라 자신의 명성이 불멸의 존재인 아킬레스에 미치지 못한다는 이유로, 아킬레스의 무덤에서 눈물을 흘렸다.

다른 사람의 명성을 알리는 트럼펫 소리보다 야심을 강하게 불러일으키는 것은 없다. 그것은 우리에게 시기심을 던져버리고 고결한 공적을 쌓으라고, 최고의 자리에 오르라고 격려한다. ❖

단호함이야말로
승자들의 특징이다

세상을 살다 보면 어떤 일을 성급하게 처리해서 생긴 피해보다는 단호하게 결정하지 못해서 생긴 피해가 더욱 크다. 전쟁에서는 움직일 때보다 가만히 있을 때 더 큰 피해를 입는 법이다.

스스로 결단하지 못하고, 다른 사람이 등을 떼밀어주기만을 바라는 사람들이 있다. 이들은 일을 처리하는 방법을 알면서도 결단력이 없어서 행동에 옮기지 않는다.

반대로 민첩하게 행동함으로써 절대로 곤란한 상황을 만들지 않는 사람들도 있다. 이들은 뛰어난 판단력과 단호한 결단력에 힘입어 손쉽게 성공을 거머쥔다. 이들은 말과 동시에 행동으로 옮기기 때문에 항상 시간적으로 여유가 있고, 자신감으로 충만하다. ❖

박수갈채 받는
일을 택하라

봄철의 산들바람이 꽃을 피게 하듯이 뛰어난 재능에는 그것을 인정해주는 환경이 필요하다. 그것은 호흡과 생명의 관계와 같다.

많은 사람들이 환호해주는 일이 있는가 하면 중요하지만 사람들의 눈에 잘 띄지 않는 일도 있다. 전자는 모든 사람이 알아볼 뿐만 아니라 아낌없는 칭찬을 받는다. 반면 후자는 더 많은 기술이 필요함에도 불구하고 많은 사람이 알지 못하고, 존경은 받을지언정 박수갈채를 받지는 못한다.

수많은 군주 중에서도 승리를 거머쥔 군주만이 이름을 떨친다. 이러한 이유로 스페인의 왕들은 불세출의 영웅으로서 박수갈채를 받았다. 뛰어난 재능을 가진 사람은 모든 사람에게 인정받을 수 있는, 널리 알려진 일을 맡아야 한다. 그러면 사람들은 그를 불멸의 인물로 만들어줄 것이다. ❧

모든 일은
결과로 평가받는다

목표를 실현하기보다 목표를 실현하기까지의 과정을 더 중요하게 여기는 사람들이 있다. 하지만 냉혹한 현실에서는 한 번 실패하면 그동안 애쓴 노력은 조금도 인정받지 못하고 비난만 받을 뿐이다.

승자는 어떤 것도 설명해달라고 요구받지 않는다. 사람들은 오직 성공과 실패에만 신경을 기울인다.

원하는 것을 성취하면 명성을 계속 유지할 수 있다. 설령 수단이 만족스럽지 못한 것이었다 해도 결과가 좋으면 모든 것이 황금빛으로 빛난다. 따라서 어떤 일이든지 행복한 결말을 맺도록 노력하는 것이야말로 가장 현실적인 지혜이다. ✤

먼저 시작하면
쉽게 명성을 차지한다

모든 조건이 동일하다면 먼저 움직이는 사람이 유리하다. 나아가 일을 멋지게 성공시키면 즉시 뛰어난 사람으로 평가받는다. 가장 먼저 일을 시작한 사람은 쉽게 명성을 차지하지만, 그 뒤를 따르는 사람이 그의 명성을 나누어 가지려면 다툼을 벌여야 한다. 그들이 먼저 시작한 사람을 모방하지 않았다고 아무리 주장해도 대중은 쉽게 믿어주지 않는다.

비범하고 담대한 사람들은 다른 사람들보다 앞서갈 수 있는 새로운 길을 찾아낸다. 이들은 새로운 길을 만들었기 때문에 영웅들의 명부에 등재된다. 명성을 얻고 싶다면 이미 잘 알려진 일에서 두 번째가 되기보다는 낯선 분야에서 처음 시작하는 사람이 되는 것이 현명하다. ❖

가장 중요한 일에서
최고의 능력을 발휘하라

가장 중요한 일을 할 때 최고의 능력을 발휘하라. 능력이 뛰어난 사람은 많지만, 가장 중요한 일에서 탁월한 능력을 발휘하는 사람은 드물다. 이러한 능력 없이는 결코 영웅이 되지 못한다.

평범한 사람은 박수갈채를 받지 못한다. 높은 자리에서 능력을 발휘하면 대중과 구별되고 특별한 인물이 된다. 반면 낮은 지위에서는 같은 능력을 발휘해도 절반의 영광도 얻지 못한다. ✦

완성되지 않은 것을
공개하지 마라

어떤 것이든 처음에는 제 모습을 갖추지 못하게 마련이다. 그런데 미완의 모습을 본 사람의 뇌리에는 그 인상이 남게 되고, 완성된 모습을 보아도 기억이 되살아나 감상을 방해한다. 완성되지 않은 전체를 한번 흘깃 보는 것은 호기심을 자극하기보다는 오히려 부족한 점만 강렬하게 각인시키는 작용을 한다.

어떠한 것이든 완성되지 않으면 제대로 평가받지 못한다. 아무리 맛있는 음식이라도 그것을 요리하는 과정을 본다면 식욕이 반감되거나 오히려 불쾌감이 생길 수 있다.

이런 이유로 거장들은 모두 시작 단계에 있는 작품을 좀처럼 남에게 보여주지 않는다. 자연에서도 이러한 교훈을 배울 수 있다. 자연은 때가 될 때까지는 절대로 자신을 세상에 내놓지 않는다. ❧

어떤 방법으로로든
자신의 뜻을 관철시켜라

사자의 털가죽을 걸칠 수 없다면, 여우의 털가죽이라도 뒤집어써라.
자기의 뜻을 관철시키는 사람은 결코 명성을 잃지 않는다. 힘으로
안 되면 영리하게 요령으로 처리하고, 한 가지 방법으로 안 되면 다
른 방법을 사용하라. '용기'라는 대로로 갈 수 없으면 '교활함'이라는
지름길을 택하라. 원하는 것을 손에 넣을 수 없다면, 차라리 그것을
무시하는 것이 낫다. ☘

자신의 분야에서
일인자가 되어라

누구나 임기가 끝나갈 즈음에는 냉정한 평가를 받는다. 하지만 마지막까지 좋은 평가를 받고 이익도 놓치지 않는 방법이 있다.

그것은 자신의 능력을 발전시켜서 그 분야에서 일인자가 되는 것이다. 나아가 너그럽고 온화한 품성까지 갖추고 있으면 금상첨화이다. 자신의 분야에서 최고가 되면 아무도 함부로 대하지 못할 뿐만 아니라 존경과 이익 모두를 얻을 수 있다. ❖

능력은 널리 알릴수록
더욱 빛을 발한다

어떤 일을 하든지 그것을 사람들에게 알려라. 사람들은 겉으로 드러난 것에만 관심을 가진다.

탁월한 능력을 가진 사람이 자신의 능력을 널리 알리면 그 진가는 더욱 빛난다. 반면 아무리 뛰어난 사람도 겉으로 보기에 뛰어난 것처럼 보이지 않으면 제대로 평가받지 못한다. 세상에는 드러나지 않은 진실을 아는 사람보다는 겉모습에 속아 넘어가는 사람들이 훨씬 많다. ✣

행운을 차지하려면
배짱을 길러라

커다란 행운을 차지하려면 그것을 소화시킬 수 있는 거대한 위장을 가지고 있어야 한다. 작은 행운에도 배가 불러 넌더리를 치는 사람이 있는가 하면, 아무리 커다란 행운을 집어삼켜도 여전히 배고픔을 느끼는 사람도 있다.

행운을 받아들일 배짱이 없는 사람은 아무리 큰 행운이 찾아와도 제대로 누리지 못한다. 이들은 높은 지위에 어울리는 일을 감당할 능력을 타고나지도 못했고, 높은 지위에 필요한 능력을 기르지도 않았다. 이들은 설령 높은 자리에 올라가더라도 감당하지 못해 현기증을 느끼고 이내 포기하고 만다.

행운을 차지하려면 소심한 사람이라는 인상을 주지 않아야 한다. 언제나 당당하고 여유 있는 태도로 어떤 엄청난 일도 거뜬히 감당할 수 있다는 듯이 행동해야 한다. ❖

일의 성격에 맞는
능력을 갖춰라

성공하기 위해서는 어떤 일에 어떤 능력과 기술이 필요한지를 정확하게 알아야 한다. 일마다 필요한 능력과 기술이 다르기 때문이다. 용기가 필요한 일이 있는가 하면 세심한 태도가 중요한 일도 있다. 정직을 요구하는 일은 가장 쉽고, 숙련을 요구하는 일은 가장 어렵다. 정직을 요구하는 일은 천성적인 미덕만 가지고 있으면 충분하지만, 숙련을 요구하는 일은 오랜 노력과 철저한 준비가 필요하다. ❖

확신이 없으면
행동에 옮기지 마라

일을 시작하려는데 그 일을 제대로 할 수 있을까 하는 의심이 든다
면 애초부터 시작하지 않는 것이 낫다.

지혜로운 사람은 항상 냉철하게 판단하기 때문에 성공할 가능성이
없는 일에는 매달리지 않는다. 어떤 일을 시작하기도 전에 실패할지
도 모른다는 두려움에 떤다면 무슨 수로 그 일을 무사히 마무리 지
을 수 있겠는가.

살아가다 보면 성공하리라고 100퍼센트 확신했음에도 불구하고 실
패하는 경우가 숱하게 많다. 처음부터 실패할 것이라는 생각이 들면
차라리 행동에 옮기지 않는 것이 현명하다. ❧

열등한 것으로는
우수한 것을 이길 수 없다

경쟁자가 먼저 강한 편에 섰다고 해서 쓸데없이 고집을 부려 약한 쪽에 서지 마라. 이는 곧 패배가 예견된 싸움을 하는 것이고, 그 결과 도망칠 일만 남게 된다. 열등한 것으로는 결코 우수한 것을 이길 수 없다.

어리석은 고집을 부리는 사람들은 옳고 유익한 것을 멀리하고, 도움이 되는 사람들과 다투어 결국 그들과 적이 된다.

반면 지혜로운 사람은 감정만 내세우는 약한 편과는 절대로 손을 잡지 않고, 냉철하게 이성적으로 판단하는 강한 편과 손을 잡는다. 이들은 강한 편이 갖고 있는 올바른 명분을 먼저 알아본다.

경쟁에서 이기려면 먼저 우세한 편과 손을 잡아야 한다. 적을 강한 쪽에서 밀어내기 위한 유일한 방법은 당신이 먼저 강한 쪽을 택하는 것이다. ⚘

실패의 책임을 다른 이에게
넘기는 것도 능력이다

여러 사람을 다스리는 위치에 있는 사람은 사악한 이들의 공격을 막아내는 기술도 알고 있어야 한다.

많은 경우 당신이 비난받는 이유는, 당신이 무능해서가 아니라 당신의 책임을 다른 사람에게 넘기지 못하기 때문이다. 아무리 뛰어나다고 해도 모든 일을 성공할 수는 없고, 모든 사람을 만족시킬 수도 없다. 따라서 필요하다면 당신을 대신해서 실패의 책임을 질 방패막이를 만들어놓아야 한다. ❖

지혜로운 사람을
항상 곁에 두어라

지략가야말로 권력자에게 가장 필요한 사람이다. 그들은 권력자가 잘 모르기 때문에 당하게 되는 모든 위험을 막아줄 뿐만 아니라 어려운 난관을 쉽게 헤쳐나갈 수 있도록 실질적인 조언을 해준다.

지혜로운 사람을 이용하는 것은 당신이 지혜롭다는 증거이다. 자신보다 뛰어난 아랫사람을 둔 사람은 그들의 도움을 받아 자신의 단점을 극복할 뿐만 아니라 뛰어난 사람을 부린다는 사실 때문에 더 큰 존경을 받는다.

우리에게 허락된 시간은 짧고, 배울 것은 엄청나게 많다. 따라서 다른 사람의 지혜를 통해 자신의 부족함을 채우는 것이야말로 성공에 이르는 지름길이자 인생에서 가장 필요한 기술이다. 뛰어난 인재들이 그들의 지식으로 당신을 도와줄 수 있는 분위기를 조성하라. 그렇지 못할 때에는 적어도 그들과 벗 삼아 지내라. ✤

가장 뛰어난
인재를 기용하라

무능한 사람을 기용해서 자신의 능력을 돋보이게 하려는 사람들이
있다. 하지만 그것은 일종의 속임수로, 장기적으로 보면 오히려 자신
의 명예를 실추시키는 어리석은 행동이다.

신하의 능력이 뛰어나다고 해서 그가 섬기는 군주의 뛰어남이 훼손
되는 일은 결코 없다. 신하가 성취한 모든 영광은 그를 부리는 군주
에게로 돌아가고, 실패에 대한 비난 역시 마찬가지이다.

명성을 누리는 자는 오직 군주뿐이다. 사람들은 "이 군주는 우수한
신하를, 저 군주는 무능한 신하를 두었다"라고 말하지 않고, "이 군
주는 뛰어난 지도자이고, 저 군주는 무능한 지도자이다"라고 말한
다. 따라서 뛰어난 사람이라는 평가를 받으려면 가장 뛰어난 인재를
선택하고 다스릴 줄 알아야 한다. ❧

한 가지
확실한 능력을 갖춰라

사람들이 완벽하다고 말할 때 그 기준은 양이 아니라 질이다. 매우 뛰어난 것은 언제나 수적으로 적고, 희소가치가 있다. 반면 수가 많아지면 그만큼 가치가 떨어진다.

책의 가치를 두께와 무게로 평가하는 사람은 책을 지식을 쌓기 위한 도구가 아니라 근육운동에 필요한 도구로 착각하는 것과 같다.

겉보기에 그럴듯한 사람이 실은 별 볼 일 없는 경우가 많다. 여러 방면에서 재주가 뛰어난 사람은 결국 어느 분야에서도 성공하지 못한다. 반면 오랫동안 한 분야에만 매달려 최선을 다한 사람은 뛰어난 능력을 갖추게 되고, 맡은 일을 훌륭히 해냄으로써 마침내 최고라는 명성을 누린다. ❖

크게 성공하려면
오래 준비하라

제대로 준비해서 처리한 일은 신속하게 처리된 일과 다름없고, 지나
치게 급하게 처리한 일은 실패한 것과 다름없다.

성과가 영원히 지속되기를 원한다면 오랫동안 준비해야 한다. 완전한
것만이 사람들의 주목을 받고, 성공만이 오래 기억되고, 심오한 지혜
만이 영원한 명성을 가져다준다.

가치가 높은 것일수록 그것을 얻기 위한 대가는 그만큼 크다. 오랫
동안 정련한 귀금속이 가장 비싼 법이다. ❖

성공하는 것이
가장 훌륭한 복수이다

자기를 비난하는 사람을 오히려 치켜세우는 것보다 훌륭한 행위는 없고, 탁월한 성과를 보여줌으로써 자신을 시기하는 사람을 괴롭히는 것보다 영웅적인 복수는 없다.

당신의 성공은 당신의 불운을 빌던 사람들에게는 심한 고문이 되고, 당신의 영광은 경쟁 관계에 있는 사람들에게 지옥이 된다. 성공함으로써 상대를 괴로움에 빠뜨리는 것이야말로 가장 큰 복수이다.

시기심이 강한 사람은 단 한 번만 죽지 않는다. 그는 자신이 시기하는 사람이 박수갈채를 받을 때마다 매번 새롭게 죽는다. 시기 받는 사람의 명성이 지속되면, 시기하는 사람의 고통도 끝나지 않는다. 전자는 영광 속에 영원히 살고, 후자는 고통 속에 영원히 산다. 명성의 나팔이 전자에게는 불멸을, 후자에게는 근심 걱정의 교수형을 선포한다. ⚕

스페인의 철학자이자 작가인 발타자르 그라시안의 저서들은 스페인에서 처음 출간된 이후 프리드리히 니체와 쇼펜하우어를 위시한 수많은 사상가들의 극찬을 받으며 유럽 전역에 큰 반향을 일으켰다. 그리고 400여 년이 지난 지금까지도 수많은 나라의 베스트셀러 목록을 차지하며 여전히 큰 사랑을 받고 있다.

그의 저서는 간결하고 압축적인 문장으로 인간에 대한 깊은 통찰과 인생사 전반에 걸친 다양한 조언을 담아내고 있다. 특히 그라시안의 폐부를 찌르는 강렬하고 직설적인 문장은 아포리즘의 매력이 돋보인다는 평가를 받으며 전 세계 수많은 사람들의 좌우명과 삶의 지침이 되고 있다.

그라시안이 살았던 17세기 당시 스페인은, 힘없는 대중은 빈곤의 악순환에서 벗어나지 못하는 한편 소수의 권력자들은 온갖 사치를 부리며 부귀영화를 누리고 있었다. 이런 사회에 불신과 회의를 가졌던 그라시안은 대중들이 스스로 자신의 삶과 행복을 지킬 수 있도록 지혜를 가르쳐주어야 한다는 강렬한 목적의식을 갖게 되었다. 그는 형이상학적인 가르침이 아니라 철저히 현실 사회에 기반을 둔 '생활 철학'으로서 '행복과 성공'이라는 보편적인 삶의 목표를 이루기 위해 가져야 할 자세와 처세술을 알려주고자 했다.

이 때문에 그라시안의 글을 읽다 보면 간혹 모순적인 내용을 발견하게 되기도 한다. 그라시안은 인간으로서 지켜야 할 품위와 여러 가지 미덕을 강조하면서도, 한편으로 상대의 속셈을 간파하고 자신이 돋보이기 위해 상대를 적절히 이용하는 생활의 지혜도 알려준다. "때로는 뱀처럼, 때로는 비둘기처럼" 행동함으로써 위선으로 가득 찬 사회에서 자기 자신을 지킬 수 있도록 한 것이다.

일견 모순적인 듯한 이 조언들은 인간에 대한 깊은 통찰을 바탕으로 한 가장 현실적이고 현명한 조언이다. 그라시안이 궁극적으로 말하고자 한 바는, 인간은 모두 불완전한 존재이기 때문에 자신의 한계를 알고 끊임없이 지혜를 쌓아감으로써 마침내 자기완성을 이루어야 한다는 것이다. 그라시안은 철학적이고 관념적인 가르침이 아니라, 현실 세계에서 불완전한 사람들이 함께 잘 어울려 살아가

기 위해 알아야 할 가장 실용적이고 구체적인 지혜를 알려주고자
한 것이다.

이 책은 그라시안의 대표작인 『인생을 사는 지혜의 기술Oráculo
manual y arte de prudencia』의 영문 판본에서 중심 내용을 번역한
것이다. 그 밖에 그라시안의 여러 저서들에서 사람의 마음을 얻기
위해 알아야 할 지혜, 좋은 평판을 유지하기 위해 알아야 할 지혜,
적을 만들지 않고 상대를 내 편으로 만들기 위해 알아야 지혜 등 여
러 사람과 함께 어울려 살아가기 위해 알아야 할 지침을 담은 글들
을 가려 묶었다. 또한 이 책에서는 내용을 좀더 쉽게 이해할 수 있도
록 원문에 없는 제목을 달고 편의상 총 5장으로 구분했다.

지금 우리 사회는 그라시안이 살았던 17세기만큼이나 불신과 위
선이 팽배해 있다. 400여 년을 이어온 '지혜의 대가' 그라시안의 날
카로운 통찰과 인생 지침들은 지금 우리 현실에 적용할 때 더욱 빛
을 발한다. 이 책의 어떤 페이지를 펼치더라도 지금 이 시대를 지혜

롭고 행복하게 살아가기 위해 알아야 할 지침들을 만날 수 있을 것이다. 하루에 한두 꼭지라도 꾸준히 읽으면서 자기 자신을 단련하기 바란다. 모쪼록 독자들이 이 책을 통해 자신의 삶에서 행복과 성공이라는 현실적인 목표에 한 걸음 더 가까이 다가가고, 힘든 세상을 슬기롭게 극복해내기를 바라는 마음 간절하다.

임정재

옮긴이 임정재

경희대학교 영문학과와 인하대학교 대학원 국문학과를 졸업하고, 현재 전문번역가로
활동하고 있다. 옮긴 책으로 『내게 맞는 직업은 뭘까?』, 『설득, 30초 안에 끝내라』, 『중
국과 세계경제』, 『사람을 얻는 기술』, 『리스크에 과감히 맞서라』, 『링컨, 당신을 존경합
니다』, 『마케팅은 미친 짓이다』, 『악의 경영』, 『열정 플랜』 등이 있다.

사람을 얻는 지혜

초판 1쇄 발행 2016년 3월 7일
초판 17쇄 발행 2023년 12월 15일

지은이 _ 발타자르 그라시안
옮긴이 _ 임정재

발행인 _ 양수빈
펴낸곳 _ 타커스
등록번호 _ 2012년 3월 2일 제313-2008-63호
주소 _ 서울시 종로구 대학로14길 21(혜화동) 민재빌딩 4층
전화 _ 02-3142-2887   팩스 _ 02-3142-4006
이메일 _ yhtak@clema.co.kr

ⓒ 타커스 2016

ISBN 978-89-98658-33-5 (03320)